营改增
实战全攻略

陈嘉谦　陈冠声 / 著

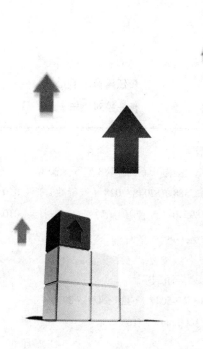

中国财富出版社

图书在版编目（CIP）数据

营改增实战全攻略／陈嘉谦，陈冠声著．—北京：中国财富出版社，2017.3

ISBN 978－7－5047－6429－4

Ⅰ.①营… Ⅱ.①陈… ②陈… Ⅲ.①增值税—税收管理—中国 Ⅳ.①F812.424

中国版本图书馆 CIP 数据核字（2017）第 053245 号

策划编辑 黄　华		**责任编辑** 单元花		
责任印制 方朋远		**责任校对** 杨小静	**责任发行** 邢有涛	

出版发行	中国财富出版社		
社　　址	北京市丰台区南四环西路 188 号 5 区 20 楼	**邮政编码**　100070	
电　　话	010－52227588 转 2048/2028（发行部）	010－52227588 转 307（总编室）	
	010－68589540（读者服务部）	010－52227588 转 305（质检部）	
网　　址	http://www.cfpress.com.cn		
经　　销	新华书店		
印　　刷	北京京都六环印刷厂		
书　　号	ISBN 978－7－5047－6429－4/F・2734		
开　　本	710mm×1000mm　1/16	**版　　次**	2017 年 5 月第 1 版
印　　张	14.5	**印　　次**	2017 年 5 月第 1 次印刷
字　　数	222 千字	**定　　价**	42.00 元

推荐序一

作为一个企业的创始人或是经营者，最关心两点：第一，如何盈利；第二，如何降低成本。对于第一个问题，与盈利模式关系更大；对于第二个问题，如何降低成本关乎的重要因素就是企业如何能合理节税、避税。简单来说，办企业怎么能在盈利的基础上在不违反《税法》的基础上少交税呢？这就需要每位企业家去深谙税法，去了解《税法》新的动态和规则。

可能有人会说了，我们企业有财务管理人员，这些不用我操心。如果这么说，我只能说这样的企业创始人或经营者还没有完全成熟。企业税负的产生是基于企业每项交易方式所决定的，不同的交易方式会产生不同的税负责任，企业财务管理人员更多的是基于企业已交易产生结果，按照《税会准则》要求进行记录和核算，财务人员并没有权力改变交易方式和结果，税负是企业按照经营决策者所制定的交易方式实施中所形成的结果，作为一个企业的掌门人，你可以不懂会计知识，但不能不了解《税法》知识，你可能会让财务管理人员做两套账，但你要时刻给自己警钟长鸣，怎样规避被查账出现漏洞的风险和将要付出的代价？

税收政策在不停改变，财务人员每年都要进行行业再培训才能跟上不断变化的《会计准则》和《税法》，从2016年下年半始，营改增试点全面推开，各个行业的税务管理和税收环境面临巨大变化，税种由营业税改为增值税，纳税人身份、纳税地点、税额计算、纳税申报、会计核算、税收征管模式和环境、供应商管理、发票管理、工程承包模式的选择等也须应时而动。如何准确把握这些变化，以及如何顺利平稳实现税种转换的过渡，规避纳税风险，这是每个企业都必须面临的问题。

我拿到陈嘉谦、陈冠声先生所著的《营改增实战全攻略》通篇读下来，专业性很强，但却不是连篇累牍，冗长难懂。内容通过设问和解答的方式，清晰明白，既适合懂《税法》的专业税收人员读，也适合企业经营者和财务人员使用。对我这样一个对国内《税法》一知半解的人来说，本书给我带来了很大的帮助，让我对国内营改增有了全面的了解。

本书能帮助和指导企业经营者和财务管理人员准确理解和把握营改增相关文件的核心内容，解决实际操作中的难点、疑点问题，有效防范和控制涉税风险，合法进行纳税筹划，顺利平稳度过营改增过渡期。本书运用政策解读与实务操作相结合的方式，从纳税人身份、应税范围、税率、税额计算、纳税申报、税收减免、过渡期优惠政策、会计核算、发票合同管理等方面解读营改增带来的重大变化，政策理论全面、准确，实操案例详细、实用，是企业决策者、财务人员、税务师事务所执业人员的必备工具书。

前利邦集团财务总裁兼执行董事

李国豪

二〇一六年十月十八日于香港

推荐序二

如果我向企业家提个问题："什么是当企业家的资格证？"我想，答案一定五花八门。但在我看来最硬性的一条就是：不懂税收，就经营不好企业。企业依法纳税是一种本能和义务，但是企业如何科学合理做到少纳税、规范纳税却是一门伟大的学问。企业家凭着创业的热情，大部分都"无资格证上岗"，于是，许多企业家在税务方面栽过不少跟头。作为一名企业家，必然有过税务方面的痛苦经历和困惑，我想说，每个企业都有一扇门，你只有找到这扇门的钥匙，才能在企业盈利和纳税之间找到通道和出现奇迹。

我们需要不断学习，才能做到：即便企业没有一流的税务人才，也能掌握税收技巧；即便不能给企业更多的资源创造价值，但是可以建立完善的财务体系，让企业良性循环，无经营风险和被税务查账的风险。

《营改增实战全攻略》分为上、下篇。上篇主要讲了营改增实施后，企业如何在原有的经营、管理、销售、合同、现金流管理等方面做出调整。下篇则详细介绍了各个行业的"营改增"税收政策、账务处理和纳税申报，包括交通运输行业、建造行业、邮政行业、电信行业、文化创意行业、房地产行业、金融行业、生活服务行业和融资租赁行业，可谓给各行各业对于"营改增"后的税负控制、发票管理、供应商管理、合同管理介绍了方法，并结合各行业工作的实际情况，介绍了"营改增"之后的税务筹划思路和税务稽查的应对方法。在分析介绍税负控制、税务筹划时，并不仅仅局限于增值税，而是涉及企业常用的全部税种。本书既可作为企业财务管理人员日常工作的工具书，也可作为大专院校、税务中介机构的参考用书。

　　本书系统梳理了现行增值税政策以及营改增文件的规定，全面反映了中国目前实施的增值税政策。读者既可以全面了解中国增值税政策的来龙去脉，又能及时掌握最新的政策规定。本书既从财务的角度阐述了增值税管理与会计实务，也分析了营改增对企业经营管理工作的影响。

　　当然，对于一本书的喜好程度和阅读体会也因人而异，我建议中国的中小企业管理者有机会读到这本书。书中侧重实务和攻略，对于小企业应纳的增值税、消费税、企业和个人所得税等各种税进行了合理的节税设计，将小企业的节税筹划和应对策略提到了新的高度，并结合原有的税务处理方法，及时更新调整合理节税实施技巧，符合小企业发展的要求和自身效益最大化的追求。

美国约翰卡罗尔大学金融副教授

詹　峰

二〇一六年十月十六日于美国克里夫兰

前　言

营改增无疑是近期举国上下最火爆的一个话题。2016年5月1日营改增大通关，广大纳税人与税务机关都在与时间赛跑。那么作为企业，如何调整企业与各交易方的布局，以充分享受营改增带来的结构性减税利好，同时又如何应对营改增带来的诸多挑战；企业的主要经营者及财务人员如何正确进行财务、税务策划，做好企业税务处理？这些都是迫在眉睫的问题。

作为企业的主要经营者或是财务人员的你，是不是被连续出台的一系列政策轰炸得无所适从？是不是想无师自通却又力不从心？你是否还在慌乱与焦虑，眉毛胡子一把抓，找不到系统性实战方法？你是否期待一套针对最新操作细则，拿来即用的实战攻略？其实，"营改增"并不难，难的是你缺少了一本实战全攻略。

由于营改增属于重大政策调整，故应该重点提及营改增相关内控交易情况。当然这也正是企业的主要经营者和财务人员的核心工作内容。其实每个企业都有适合自己的财税管理，而以应对营改增的财税管理及交易方式调整也会随着企业自身性质、业务的不同有所差异，但总体来看，营改增的主要影响还是集中在各业务交易中产生税负的环节。故此，本书分上篇和下篇两部分展开叙述。

上篇阐述营改增共性问题，主要解答了营改增后企业在财务、涉税、各交易合同和现金流等方面的管理问题。下篇探讨营改增实战应用问题，主要解答了交通运输行业、建造行业、邮政行业、电信行业、文化创意行业、房地产行业、金融行业、生活服务行业和融资租赁行业在营改增中遇到的诸多问题。帮助企业做好财税策划和管理，充分享受到营改增减税红利。

全书以设问的形式呈现问题，引导读者注意和思考，并给出权威的具有实操性的答案。不仅可以帮助读者更好地领会问题的中心思想，更具有针对性，拿来即用，解决实际问题。

作　者

2017 年 2 月

目 录

上篇 营改增管理

下篇　营改增实操

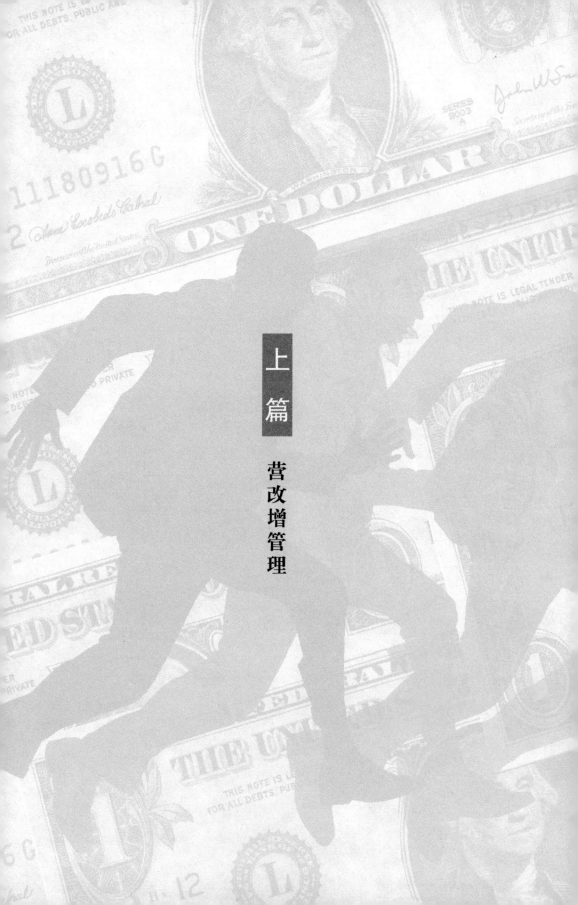

上篇

营改增管理

第一章　企业营改增之财务管理

财务管理是营改增内控的重要内容，企业只有在会计核算、科目设置、一般会计处理、一般会计流程、发票管理等方面采取有效措施，提高财务管理水平，才能有效应对营改增大潮，并实现科学发展。

营改增对会计核算有哪些影响？

营业税改为增值税，是我国税收制度改革的重要内容，对形成有利于结构优化、社会公平的税收制度意义重大。这一改革对企业会计核算产生了诸多影响和变化，主要体现在企业成本核算、收入核算、票务管理、现金流与利润核算、企业纳税方式等方面。

1. 营改增前后企业成本核算方式变化对比

营改增之前，成本为价税合计数，此时应将其价税分离为真正成本和进项税额；实现营改增后，需对依据开具的进项税发票和销项税相抵扣，其抵扣数额取决于供应商开具专用发票能力。营改增前后成本核算方式的变化体现在以下 10 个方面。如表 1 - 1 所示。

表 1 - 1　　　　营改增前后成本核算方式变化的对比

序　号	内　容
1	营改增前许多项目对下劳务分包或劳务派遣没有取得发票，造成项目成本和税金不实，存在漏税现象；营改增后要取得增值税发票，可能会造成税负或成本增加

续 表

序 号	内 容
2	由于劳务分包营改增前为 3% 的营业税调整为 11% 的增值税,有可能会引起劳务分包单价上涨,造成成本上升
3	许多项目及包工头的承包模式,无法取得发票,营改增后包工头的承包模式不能使用,要使用有资质的劳务分包或劳务派遣,有可能会引起劳务分包单价上涨,造成成本上升,同时要取得增值税发票,可能会造成税负或成本增加
4	企业内部的施工队伍,由于没有发票,造成进项税抵扣减少,造成应交增值税增加
5	营改增前许多项目有提点分包、违法分包等,在营改增后都不能采取此种分包模式,引起企业管理的变革
6	营改增前许多项目辅料都是普通发票,实行营改增后要取得增值税发票,引起辅料涨价,还有地料和商砼按目前的规定都采取简易计税 3%,无法取得进项税,造成应交增值税增加
7	营改增前许多项目租赁施工设备存在向个人租赁的现象,没有取得增值税发票,营改增会引起租赁费上涨
8	营改增前许多单位材料采用集中采购,有可能造成"三流不统一",营改增后应改变原来的集中采购模式
9	营改增前办公用品、劳务用品等没有采取集中采购模式,取得的是普通发票,营改增后应改变原来的采购模式
10	分包成本中材料、设备部分的进项税抵扣不足。由于专业分包包含大量的材料、设备,相关进项税由分包商可抵扣 17% 的进项税,而总包方取得其开具的建筑业增值税专用发票只能按 11% 的税率抵扣进项税,与直接采购相比,将少抵扣 6% 的进项税,营改增后应改变原来的分包模式

2. 营改增对企业收入核算的影响

营改增之前,企业需依据全部工程造价缴纳营业税;营改增之后,因增值税隶属于价外税范畴,此时企业应依据不含增值税的工程造价缴纳相关税款。其中价税分离具体分析公式:不含税价格 = 含税价格 ÷ (1 + 增值税税率);不含税价格比含税价格下降百分比 = (含税价格 - 不含税价格) ÷ 含税价格 × 100% = [1 - 1 ÷ (1 + 增值税税率)] × 100%。同时,因企业预留税率为11%，由此可得下述公式：不含税收入＝含税收入÷1.11。

3. 营改增对票务管理的影响

实现营改增后，企业增值税所涉及的专用发票通常会被购买方用于抵扣税额。在此状况下，需要相关部门进一步加强专用发票管理，以防止不合规现象发生，从而引发虚开增值税发票罪。另外，需严格审核、检查企业业务交易环节所涉及的增值税发票，切实保证其开票时间、相关印章等真实性，以规避各种不必要风险的发生。

4. 营改增对现金流与利润核算的影响

营改增之前，收入、成本减少的比例和营业税税金减少程度成为企业现金流、利润变化的重要影响因素。其中现金流的增减与企业整体税负的增减呈现负相关性。企业征收营业税时，现金流受企业税金预缴制的影响较大，对于税金预缴制来说，其是预先缴纳税款，待工程项目竣工后进行清算，最后进行找平。实际上，企业通常以工程进度为依据确定收入并缴纳税款，这样将导致企业纳税税额远远高于所应缴纳的税额。实现营改增后，企业可在收到工程款后缴纳税金，由此有助于规避冲击现金流现象的发生，保证企业的经济利润。

5. 营改增对企业纳税的影响

营改增对企业纳税的影响主要体现在纳税人的不同税负、流转税和所得税3个方面。如表1-2所示。

表1-2　　　　营改增前后的纳税人、流转税和所得税之纳税比较

事　项	内　容
纳税人	实现营改增后，不同类别的纳税人对增值税税负所起的影响不同。当前形势下，主要包括两类纳税人。即一般纳税人和小规模纳税人。与小规模纳税人相比，一般纳税人所要承担的税负相对较低，这将大大降低小规模纳税人会计核算和经营管理积极性、责任感

续 表

事　项	内　容
流转税	营改增之前，当企业缴纳营业税时，应交的营业税税金将直接计入损益类科目下的营业税金及附加中，此时企业开展经济利润核算工作时，便将营业税金直接从收入中予以扣除；营改增后，营业税转变为增值税，其隶属于价外税范畴，此时应将其直接计入应交增值税科目中，这样将缩小企业利润空间
所得税	企业所得税的变化状况取决于利润变化状况。实现营改增后，企业所得税随着经济利润的增加而增加；反之亦然

营改增后会计核算需要注意哪些细节？

随着营改增全面铺开，企业的财务核算也会随之发生变化。本文就细节方面进行分析，以供参考。

1. 进项税额

企业购入货物，或接受应税劳务和应税服务而支付的、准予从销项税额中抵扣的增值税额。企业购入货物或接受应税劳务和应税服务支付的进项税额，用蓝字登记。

例：购进办公电脑 3000 元，增值税额为 510 元。

借：固定资产　　　　　　　　　　　　　　　　　　　　3000

　　应交税费——应交增值税（进项税额）　　　　　　　510

　贷：银行存款　　　　　　　　　　　　　　　　　　　3510

2. 减免税款

用于记录该企业按规定抵减的增值税应纳税额。初次购买增值税税控系统专用设备支付的费用以及缴纳的技术维护费，允许在增值税应纳税额中全额抵减的，应在"应交税费——应交增值税"科目下增设"减免税款"专栏，用于记录该企业按规定抵减的增值税应纳税额。

例：2016 年 5 月，上海 N 房地产开发公司首次购入增值税税控系统设备，支付价款共计 2000 元，同时支付当年增值税税控系统专用设备技术维护费 500 元。当月两项合计抵减当月增值税应纳税额 2500 元。

首次购入增值税税控系统专用设备：

借：固定资产——税控设备　　　　　　　　　　　　　　　2000

　　贷：银行存款　　　　　　　　　　　　　　　　　　　　2000

发生防伪税控系统专用设备技术维护费：

借：管理费用　　　　　　　　　　　　　　　　　　　　　500

　　贷：银行存款　　　　　　　　　　　　　　　　　　　　500

抵减当月增值税应纳税额：

借：应交税费——应交增值税（减免税款）　　　　　　　　2500

　　贷：管理费用　　　　　　　　　　　　　　　　　　　　500

　　　　递延收益　　　　　　　　　　　　　　　　　　　　2000

以后各月计提折旧时（按 3 年，残值 10% 举例）：

借：管理费用　　　　　　　　　　　　　　　　　　　　　50

　　贷：累计折旧　　　　　　　　　　　　　　　　　　　　50

借：递延收益　　　　　　　　　　　　　　　　　　　　　50

　　贷：管理费用　　　　　　　　　　　　　　　　　　　　50

3. 已交税金

记录企业已缴纳的增值税额用蓝字登记。当月预交本月应交未交的增值税时，借记"应交税费——未交增值税"科目，贷记"银行存款"。

例：每月预缴一次增值税，每次预缴 20000 元。

借：应交税费——应交增值税（已交税金）　　　　　　　20000

　　贷：银行存款　　　　　　　　　　　　　　　　　　　20000

4. 转出未交增值税

"转出未交增值税"专栏，记录企业月末转出应交未交的增值税。企业转出当月发生的应交未交的增值税额用蓝字登记。

例：某企业增值税账户贷方的销项税额为 30000 元，借方的进项税额为 17000 元，月末会计处理：

借：应交税费——应交增值税（转出未交增值税）　　　　13000

　　贷：应交税费——未交增值税　　　　　　　　　　　　　13000

5. 销项税额

"销项税额"专栏记录企业销售不动产或提供应税服务应收取的增值税额。企业销售不动产或提供应税服务应收取的销项税额，用蓝字登记；发生销售退回或按照税法规定允许扣减的增值税额应冲减销项税额，用红字或负数登记。

例：原销售的不含税价值为 10000 元、成本 8000 元、销项税额为 1700 元的货物被退回，假设已经按税法规定开具了红字增值税专用发票。退回时的会计处理为：

借：主营业务收入　　　　　　　　　　　　　　　　　　10000

　　应交税费——应交增值税（销项税额）　　　　　　　　1700

　　贷：银行存款　　　　　　　　　　　　　　　　　　　11700

冲减成本：

借：库存商品　　　　　　　　　　　　　　　　　　　　8000

　　贷：主营业务成本　　　　　　　　　　　　　　　　　　8000

6. 进项税额转出

"进项税额转出"专栏，记录由于各类原因而不应从销项税额中抵扣，按规定转出的进项税额。

例：2016年5月，北京H餐饮企业向农业生产者购进免税苹果一批，支付收购价30万元，支付运费5万元，取得合法票据。月底将购进的20%的苹果发放给员工当福利。增值税进项转出会计核算：（300000×13%＋50000×11%）×20%＝8900（元）。

借：应付职工薪酬——应付福利费　　　　　　　　　　　　8900
　　贷：应交税费——应交增值税（进项税额转出）　　　　8900

7. 转出多交增值税

"转出多交增值税"专栏，记录企业月末转出多交的增值税。企业转出当月发生的多交的增值税额用蓝字登记。

例：2016年5月，增值税账户贷方销项税额为10000元，借方的进项税为8000元，已交税金为9000元。月末会计处理为：

借：应交税费——未交增值税　　　　　　　　　　　　　　7000
　　贷：应交税费——应交增值税（转出多交增值税）　　　7000

8. 未交增值税

"未交增值税"明细科目，核算企业月末转入的应交未交增值税额，转入多交的增值税也在本明细科目核算。

借：应交税费——应交增值税（转出未交增值税）
　　贷：应交增值税——未交增值税

9. 待抵扣进项税额

"待抵扣进项税额"明细科目，核算企业按税法规定不符合抵扣条件，暂不予在本期申报抵扣的进项税额。

例：2016年5月，北京H企业购进一批办公电脑，取得增值税专用发票价款3万元，增值税额0.51万元，当月处于一般纳税人辅导期内。

购入时：

借：固定资产   30000

  应交税费——待抵扣进项税额   5100

 贷：银行存款   35100

次月允许抵扣时：

借：应交税费——应交增值税（进项税额）   5100

 贷：应交税费——待抵扣进项税额   5100

10. 增值税留抵税额

"增值税留抵税额"明细科目，核算一般纳税人试点当月按照规定，不得从应税服务的销项税额中抵扣的月初增值税留抵税额。

期初：

借：应交税费——增值税留抵税额

 贷：应交税费——应交增值税（进项税额转出）

待以后期间允许抵扣时，按允许抵扣的金额：

借：应交税费——应交增值税（进项税额）

 贷：应交税费——增值税留抵税额

11. 取得过渡性财政扶持资金

企业营改增转换期间，因实际税负增加的，将有可能向财税部门申请取得财政扶持资金。期末有确凿证据表明企业能够符合财政扶持政策规定的相关条件，且预计能够收到财政扶持资金时，按应收的金额确认营业外收入。

确认可以收到时：

借：其他应收款

 贷：营业外收入

实际收到时：

借：银行存款

贷：其他应收款

12. 适用简易办法征收的会计核算

一般纳税人提供适用简易计税方法应税服务的：

借：银行存款、应收账款、应收票据等

    贷：主营业务收入、其他业务收入

        应交税费——未交增值税

一般纳税人提供适用简易计税方法应税服务，发生视同提供应税服务应缴纳的增值税额：

    借：营业外支出、销售费用等

    贷：应交税费——未交增值税

营改增后会计科目如何设置？

营改增纳税人主要包括两类，即一般纳税人和小规模纳税人，其会计科目设置各有不同。下面我们一起来看看。

1. 一般纳税人增值税会计科目设置

一般纳税人应在"应交税费"科目下设置"应交增值税""未交增值税"两个明细科目；辅导期管理的一般纳税人应在"应交税费"科目下增设"待抵扣进项税额"明细科目；原增值税一般纳税人兼有应税服务改征期初有进项留抵税款，应在"应交税费"科目下增设"增值税留抵税额"明细科目。

在"应交增值税"明细账中，借方应设置"进项税额""已交税金""出口抵减内销应纳税额""减免税款""转出未交增值税"专栏，贷方应设置"销项税额""出口退税""进项税额转出""转出多交增值税"专栏。上述借方和贷方共设9个专栏，具体内容如表1-3所示。

表 1 - 3　　　　　　　　　　一般纳税人增值税会计科目设置

专　栏	内　容
进项税额	记录企业购入货物或接受应税劳务和应税服务而支付的、准予从销项税额中抵扣的增值税额。企业购入货物或接受应税劳务和应税服务支付的进项税额，用蓝字登记
已交税金	记录企业已缴纳的增值税额，企业已缴纳的增值税额用蓝字登记
出口抵减内销应纳税额	记录企业按免抵退税规定计算的向境外单位提供适用增值税零税率应税服务的当期应免抵税额
减免税款	用于记录该企业按规定抵减的增值税应纳税额，包括允许在增值税应纳税额中全额抵减的初次购买增值税税控系统专用设备支付的费用以及缴纳的技术维护费
转出未交增值税	记录企业月末转出应交未交的增值税。企业转出当月发生的应交未交的增值税额用蓝字登记
销项税额	记录企业提供应税服务应收取的增值税额。企业提供应税服务应收取的销项税额，用蓝字登记；发生服务终止或按规定可以实行差额征税、按照税法规定允许扣减的增值税额应冲减销项税额，用红字或负数登记
出口退税	记录企业向境外提供适用增值税零税率的应税服务，按规定计算的当期免抵退税额或按规定直接计算的应收出口退税额；出口业务办理退税后发生服务终止而补交已退的税款，用红字或负数登记
进项税额转出	记录由于各类原因而不应从销项税额中抵扣，按规定转出的进项税额
转出多交增值税	记录企业月末转出多交的增值税。企业转出当月发生的多交的增值税额用蓝字登记

2. 小规模纳税人增值税会计科目设置

小规模纳税人应在"应交税费"科目下设置"应交增值税"明细科目，不需要再设置上述专栏。

营改增后一般会计处理方法是什么？

营改增后纳税人增值税一般会计处理方法，大致包括这样几项内容：日常处理、增值税期末留抵税额的会计处理、差额征税的会计处理、增值税税控系统专用设备和技术维护费用抵减增值税额的会计处理。下面我们结合具体例子来解析这几种方法。

1. 日常处理

一般纳税人国内采购的货物或接受的应税劳务和应税服务，取得的增值税扣税凭证，按税法规定符合抵扣条件可在本期申报抵扣的进项税额。借记"应交税费——应交增值税（进项税额）"科目，按应计入相关项目成本的金额，借记"材料采购""商品采购""原材料""制造费用""管理费用""营业费用""固定资产""主营业务成本""其他业务成本"等科目，按照应付或实际支付的金额，贷记"应付账款""应付票据""银行存款"等科目。购入货物发生的退货或接受服务中止，做相反的会计分录。

一般纳税人提供应税服务，按照确认的收入和按规定收取的增值税额，借记"应收账款""应收票据""银行存款"等科目，按照按规定收取的增值税额，贷记"应交税费——应交增值税（销项税额）"科目，按确认的收入，贷记"主营业务收入""其他业务收入"等科目。发生的服务中止或折计，做相反的会计分录。

例：2016 年 5 月，某 A 建筑企业，本月提供建筑业收入 111 万元（含税），开具增值税专用发票，款项已收。当月购进钢材等原材料，取得已认证增值税专用发票不含税金额 20 万元，注明的增值税额为 3.4 万元。

A 建筑企业当月购进原材料取得增值税专用发票后的会计处理：

借：原材料　　　　　　　　　　　　　　　　　　200000

　　应交税费——应交增值税（进项税额）　　　　34000

  贷：应付账款   234000

上例，取得建筑业收入的会计处理：

借：银行存款   1110000

  贷：主营业务收入   1000000

    应交税费——应交增值税（销项税额）   110000

2. 差额征税的会计处理

  企业作为一般纳税人接受应税服务时，按规定允许扣减销售额而减少的销项税额，借记"应交税费——应交增值税（营改增抵减的销项税额）"科目，按实际支付或应付的金额与上述增值税额的差额，借记"主营业务成本"等科目，按实际支付或应付的金额，贷记"银行存款""应付账款"等科目。

  对于期末一次性进行账务处理的企业，期末，按规定当期允许扣减销售额而减少的销项税额，借记"应交税费——应交增值税（营改增抵减的销项税额）"科目，贷记"主营业务成本"等科目差额征税的会计处理。

  例：某 A 公司一般纳税人，提供客运场站服务，2016 年 5 月取得含税收入 106 万元，当月支付承运方运费 21.2 万元，取得增值税发票。

  A 公司提供应税服务：

借：应收账款   1060000

  贷：主营业务收入   1000000

    应交税金——应交增值税（销项税额）   60000

A 公司支付承运方运费：

借：主营业务成本   200000

  应交税金——应交增值税（营改增抵减的销项税额） 12000

  贷：应付账款   212000

  企业作为小规模纳税人接受应税服务时，按规定允许扣减销售额而减少的应交增值税，借记"应交税费——应交增值税"科目，按实际支付或应付的金额与上述增值税额的差额，借记"主营业务成本"等科目，按实际支付或应付的金额，贷记"银行存款""应付账款"等科目。

对于期末一次性进行账务处理的企业，期末，按规定当期允许扣减销售额而减少的应交增值税，借记"应交税费——应交增值税"科目，贷记"主营业务成本"等科目。

3. 增值税税控系统专用设备和技术维护费用抵减增值税额的会计处理

企业作为一般纳税人购入增值税税控系统专用设备，按实际支付或应付的金额，借记"固定资产"科目，贷记"银行存款""应付账款"等科目。按规定抵减的增值税应纳税额，借记"应交税费——应交增值税（减免税款）"科目，贷记"递延收益"科目。按期计提折旧，借记"管理费用"等科目，贷记"累计折旧"科目；同时，借记"递延收益"科目，贷记"管理费用"等科目。

企业发生技术维护费，按实际支付或应付的金额，借记"管理费用"等科目，贷记"银行存款"等科目。按规定抵减的增值税应纳税额，借记"应交税费——应交增值税（减免税款）"科目，贷记"管理费用"等科目。

例：2016 年 5 月，A 企业首次购入增值税税控系统设备，支付价款 490元，同时支付当年增值税税控系统专用设备技术维护费 330 元。当月两项合计抵减当月增值税应纳税额 820 元。

首次购入增值税税控系统专用设备：

借：固定资产——税控设备　　　　　　　　　　　　　　　　490

　　贷：银行存款　　　　　　　　　　　　　　　　　　　　490

发生防伪税控系统专用设备技术维护费：

借：管理费用　　　　　　　　　　　　　　　　　　　　　330

　　贷：银行存款　　　　　　　　　　　　　　　　　　　　330

抵减当月增值税应纳税额：

借：应交税费——应交增值税（减免税款）　　　　　　　　820

　　贷：管理费用　　　　　　　　　　　　　　　　　　　　330

递延收益   490

以后各月计提折旧时（按3年，残值10%举例）：

借：管理费用   12.25

  贷：累计折旧   12.25

借：递延收益   12.25

  贷：管理费用   12.25

企业作为小规模纳税人购入增值税税控系统专用设备，按实际支付或应付的金额，借记"固定资产"科目，贷记"银行存款""应付账款"等科目。按规定抵减的增值税应纳税额，借记"应交税费——应交增值税"科目，贷记"递延收益"科目。按期计提折旧，借记"管理费用"等科目，贷记"累计折旧"科目；同时，借记"递延收益"科目，贷记"管理费用"等科目。

营改增后如何梳理和调整一般会计流程？

营改增后，一般会计流程需要做如下梳理和调整。

1. 会计系统的梳理和调整

无论原来是否一般纳税人，会计科目都要增加，应交税费的明细、营业收入的明细都得改变，以符合税款计缴和满足公司管理的要求。有的公司，会计相关的IT（互联网技术）系统非常复杂，改变任何科目都需要论证，自然要早走内控规定的流程，务必在营改增时点之前完成设置。而系统简单的公司，论证和审批流程也必须应有尽有，这是重要内控文档，得留着备检查。

2. 会计核算的梳理和调整

增值税核算的会计核算是和营业税不同的，需要重新设计计算表单，以及记账分录。系统复杂的公司，可能对模块功能都要有所调整，这些改变，都需要有文档留存备查。

财务和业务人员均应协助会计流程的梳理和调整工作。

会计如何处理取得过渡性财政扶持资金？

根据财政部、国家税务总局《关于印发〈营业税改征增值税试点方案〉的通知》（财税〔2011〕110 号）等相关规定，现就营业税改征增值税试点有关试点取得过渡性财政扶持资金的会计处理规定如下：

试点纳税人在过渡期间因实际税负增加而向财税部门申请取得财政扶持资金的，期末有确凿证据表明企业能够符合财政扶持政策规定的相关条件且预计能够收到财政扶持资金时，按应收的金额，借记"其他应收款"等科目，贷记"营业外收入——政府补助"科目。待实际收到财政扶持资金时，按实际收到的金额，借记"银行存款"等科目，贷记"其他应收款"等科目。

期末有确凿证据表明企业能够符合财政扶持政策规定的相关条件且预计能够收到财政扶持资金时：

借：其他应收款

　贷：营业外收入

待实际收到财政扶持资金时，按实际收到的金额：

借：银行存款

　贷：其他应收款

营改增后的发票管理要点有哪些？

营改增后发票管理的要点必须搞明白。以下列举的 7 个要点不可不知。

1. 过渡期补开发票

2016 年 5 月 1 日之前发生营业税业务并已经在主管地税申报营业税的，营改增后仅仅是补开发票的，可在 2016 年 12 月 31 日前开具增值税普通发票，不得开具增值税专用发票。

2. 发票认证过渡政策要知道

新纳入营改增试点的增值税一般纳税人，在 2016 年 5—7 月这两个月的过渡期间不需增值税发票认证，只需要登录本省增值税发票查询平台，查询、选择用于申报抵扣或者出口退税的增值税发票信息，未查询到对应发票信息的，进行扫描认证即可。2016 年 8 月起就需要按照纳税信用级别分别适用发票认证的有关规定，及时关注新政策。

3. 原营业税发票红冲如何处理

营改增之前已经提供应税服务并开具营业税发票的纳税人，营改增以后因各种原因需要红冲，因为红冲业务属于营改增之前的业务，是不能开具红字专用发票冲销营改增以后产生的销售额，可以向原地税机关申请退还营业税。

4. 营改增后使用何种发票

营改增纳税人可能对营改增后企业可以开具什么样的发票比较关心，按照类型不同主要分这四类。如表 1－4 所示。

表 1－4　　　　　营改增后企业开具的营改增纳税人发票的 4 种类型

序　号	内　　容
1	一般纳税人，可以使用增值税专用发票、增值税普通发票
2	小规模纳税人，可以使用增值税普通发票、增值税电子普通发票
3	一般纳税人和小规模纳税人从事机动车（旧机动车除外）零售业务的，可以使用机动车销售统一发票
4	不具备使用增值税发票管理新系统的纳税人，可以选择使用定额发票、客运发票、二手车销售统一发票、门票、过路（过桥）费

5. 企业代开增值税发票不享受减免税政策

公司是增值税小规模纳税人，客户要求公司在国税局代开一张专用发票，销售收入为19000元。若代开了这张专用发票，公司还能享受小微企业月销售额不超过3万元免征增值税的优惠吗？

由于销售货物或者应税劳务适用免税规定的，不得开具增值税专用发票。因此若该公司代开了19000元的增值税专用发票，则这笔收入不能享受免征增值税的优惠政策，但除代开以外的收入可享受免征（在该公司当月全部收入——含代开——不超过3万元，符合免征增值税政策的前提下）。

这就是为什么很多小企业不愿意代开发票的原因了，一是代开票手续烦琐，二是白白浪费这么多真金白银。因为专用发票的受票方可以抵扣税款，如果这19000元的收入客户可以抵扣，小规模又享受免税政策的话，岂不导致大量税款流失。

6. 抓紧办理加载统一社会信用代码的营业执照

2015年10月1日—2017年12月31日为三证合一过渡期，原营业执照、组织机构代码证、税务登记证仍可继续使用，从2018年1月1日起，一律改为使用加载统一社会信用代码的营业执照，原发证照不再有效。而此次营改增后，增值税发票管理新系统是以现有纳税人识别号或换照后的统一社会信用代码作为增值税发票管理新系统的唯一识别码。这就摆在很多纳税人面前一个抉择：是现在就换照，还是上线发票新系统再换照？如果上线新系统后再更换营业执照的话，需要进行增值税发票新系统的注销、清税、发票缴销、发行等一系列重复性工作。

在营改增全面试点前，抓紧进行"一照一码"换照，用统一社会信用代码进行增值税发票新系统对接，省去以后不必要的麻烦。

第二章 企业营改增之涉税管理

营改增行业在涉税管理中面临的问题日渐显现，比如，营改增对地税部门的主要影响与应对、营改增税收管理风险与应对措施、增值税的计税方法、营改增后应征增值税的应税服务范围、营改增后专用发票的领购和代开等。这些问题需要国税机关及企业积极应对。

营改增对地税部门的主要影响是什么？如何应对？

营改增后，对地税贡献突出、影响深远的营业税将结束辉煌、成为历史，地税系统将面临着严峻的困难，迎来全新的挑战。探讨营改增对地税部门的影响并做出恰当的应对，是地税系统官员无法回避的责任。

1. 营改增对地税部门的主要影响

第一，地税收入明显减少。多年来，营业税作为地方税源的主体和支柱，一直起着举足轻重的作用，其收入的稳定性、管理的可控性、对相关税种的带动性、对地方财政收入的重要性，都是其他地方税种所无法比肩的，因此一旦改为增值税征收，地税收入将出现雪崩式下滑，并由此对地税部门带来一系列影响。

第二，主体税源的带动作用缺失。营改增后，地税部门行之有效的以票控税的手段将随之失去功效，纳税人尤其是零散户纳税人在国税取得增值税发票后将有可能无视地税管理，有意无意地避开申报地方税费这一环节，相关的所得税、城建税等地税收入难以得到保证，主体税源的带动作用缺失，漏征漏管的风险增大。

第三，地税机关影响力下降。一是营改增带来地税收入的大幅度下降，地税部门对地方财政的贡献将大幅度缩水，地方财政对地税的倚重程度、地方政府对地税的青睐程度将随之减弱；二是营改增可以革除营业税制度本身的弊端，有利于优化投资环境，让纳税人得到更多的实惠，但是因为这种实惠是营改增后实现的，纳税人自然对国税部门感恩有加，而地税部门多年来的管理、服务会因此受到质疑、否定甚至非议；三是对于任何部门来说"有为才能有位"，营改增后造成地方税源的严重下滑，地税部门做大蛋糕的愿望可能心有余而力不足，难以作为，无法上位。

第四，地税官员思想波动。一是营业税作为地税部门的主体税种，一直以来备受地税官员钟爱，并为此付出了心血汗水，倾注了真情实感，因此成就了这块蛋糕的更大更强，一旦转手易人难免会有失落感；二是营改增后，地税部门失去了可以支撑半壁江山的主要税源，地税收入在一段时期内会有明显的下滑，地税官员的自豪感、自信心将因此受到沉重打击；三是营改增后地税收入规模缩小、部门地位削弱的同时，整个机构的发展趋势难以明朗，地税官员个人的未来走向也因此扑朔迷离，思想波动在所难免。

2. 应对营改增不利影响的建议

第一，拓展地方税源，确立税源支柱。一是将营改增从理论探索过渡到现实征管中，将收入数额较大、收入来源稳定、能体现税收特征和政府职能的基金改为税收，例如开征社保税，使其成为新的地方税主体税源，填补营改增后地方税源的不足；二是对城建税和教育费附加进行改革，将它们从流转税的附属税费改成独立税种，同时合理设计计税依据，适当扩大征收范围，弱化对流转税征管的依赖程度，增强地税部门对地方税种的控管力度，并因此促成地税收入质的增长。

第二，加强税收管理，提高税收质量。按照"有为才能有位"的思路，进一步在"为"字上做文章，唤醒"再为才能保位，善为才能上位"的责任意识和"无为就得换位，不为即是退位"的危机意识。一是要立足现实，做好税源精细化、专业化管理，以科学的管理提升征管质量，化解管理风险；二是要抓好专业化、信息化管税工作，建设和完善新的税源管理机制，以税收管理员的责任心与信息化管理的严密性进行互补，形成合力，增强活力，重新构建营改增后的地税形象；三是要坚定将小税种做大的决心，并付诸行动，使之形成规模，达到聚沙成塔、集腋成裘的效果。

第三，加强官员教育，保持队伍稳定。组织对有关文件、文章的学习、讲解，让官员充分认识营改增对深化税收体制改革、推动经济结构调整、促进企业发展转型的重要作用，化解种种消极因素；引导分析营改增在给地税部门带来阵痛的同时，可能带来的种种机遇，让系统官员从迷茫、悲观的氛围中解脱出来，从而达到精神更振奋、信心更增强、士气更高昂、队伍更稳定的目的；教育官员牢记地税奋斗历程，弘扬地税优良传统，理性看待改革，热情投身改革，心情舒畅地投入工作，尽心尽力地做好工作，在工作中展示地税人的风采。

第四，挣脱思维惯性，争取更多权利。"上帝在给你关上一扇门的同时会为你打开另一扇窗"，关键是你去不去寻找。对于地税部门来说，我们应当不甘心于那扇门被关，应当去寻找那扇可以突破的窗：一是由营业税改过来的那部分税收是不是可以继续由地税部门征收？地税人的素质是经受过检验了的，增值税的预算级次是确定了的，地税人对营业税的各行业情况是熟悉的，继续征收我们是驾轻就熟，国家的利益依然得到保证，我们应当跳起来去争取。二是地税国税本来就是一家，对于总局就是手心手背，国税可以接管地税的税源，地税为什么不可以从国税那里分一杯羹？比如消费税、车辆购置税，转为地方税种，转由地税管理，国税的税源专业性、收入稳定性没有受到侵害，而地税因此有了骨干税源，有了奋斗平台，我们应当迅速寻找并打开那扇窗户。三是改革肯定会带来阵痛，营改增给地税带来的肯定有利益的损害，我们可以坦然面对改革，但是我们不能被动接受，应当主动发声，说出我们的期望，争取更多的权利，这样地税才会有未来，地税事业才会有希望。

营改增税收管理风险有哪些？有什么应对措施？

营改增改变了企业整个会计核算体系，而且带来了开票系统、报税系统、认证抵扣、税款缴纳等操作方面的一系列新变化，稍有不慎便会产生税收风险。企业应高度重视税收风险管理和控制，重点关注以下问题，以最大限度地规避或减少税收风险。下面结合营改增税收管理风险提出应对措施。

1. 重视发票使用不当产生的税收风险

营改增对企业的改变和影响，涉及企业管理层、生产、销售、财务和后勤等多个部门，表现在企业纳税身份、税控装备、计税方式和纳税申报程序等方面。如果要选择一个载体来说明这种变化，最直观的无疑是增值税专用发票。就是这张小小的增值税专用发票，却是最容易使营改增企业产生税收风险的地方。

企业在增值税专用发票的使用上最容易忽略五个方面的问题：一是开具增值税专用发票时填写要素不全，比如遗漏纳税人开户银行和账号、税务登记证号等内容，导致开票方抄报税和受票方认证困难。二是增值税专用发票要分开价款和税款，多年的普通发票惯性操作可能让发票开具人员不适应。三是不按规定索取合规的扣税凭证。四是由于对增值税法规了解不够，对能够取得合规扣税凭证的情形却没有取得，丧失了抵扣机会；取得了合规凭证，未能在规定时间内到主管税务机关认证，造成不能抵扣。五是将不得抵扣进项税的业务，在取得了增值税专用发票后，仍比照可以抵扣事项多抵扣了进项税额。

2. 重视防范虚开发票引起的税收风险

增值税专用发票使用上的最大错误当属虚开发票。虚开增值税专用发票，不仅是发票管理办法和增值税专用发票使用规定严厉禁止的行为，还可能构成犯罪。目前，在刑事立法上，针对虚开增值税专用发票定罪量刑都较为严厉，有统计显示，企业负责人涉税犯罪，70%以上涉及虚开增值税专用发票。

防范虚开增值税专用发票，要从"受票"和"开票"两个方面管控，做到不接收、不介绍、不开具。纳税人要提高对增值税专用发票重要性的认识，一方面，完善内控机制，加强对增值税专用发票的严格管理，杜绝虚开发票情况的发生；另一方面，在取得增值税发票时要增强防范意识，严格审查发票的真伪、货物来源、发票来源的合法性、销货方的纳税人资格等，对存在疑点的发票可暂缓付款或暂缓申报抵扣进项税额，待查证落实后再作处理。

3. 重视因分不清享受优惠条件导致税收风险

为平稳推进营改增试点，减轻试点企业税收负担，营改增试点方案规定了多个免征增值税项目和即征即退增值税项目。营改增税收优惠很多，当事企业必须弄清楚增值税优惠的前提条件。比如，部分营改增企业习惯于沿用以往的核算方法，在会计处理上没有按照营改增有关规定将免税、减税项目的各项服务收入准确划分并分别核算，结果错失免税、减税的优惠。

在享用税收优惠方面，营改增企业需要防范五个方面的税收风险：第一，判断是否符合税收优惠政策的情形和范畴。一些企业为符合税收优惠规定的情形，不从改变经营安排入手，而是简单采取一些账务处理技巧，存在很大的政策风险。第二，若符合税收优惠规定情形，判断是否按照主管税务机关的规定和业务流程履行必要的程序和备案手续。比如，试点纳税人提供技术转让、技术开发和与之相关的技术咨询、技术服务免征增值税一项，相关税收文件对技术转让、技术开发和技术咨询的概念、范围、优惠审批程序作了详细规定，企业必须按规定做好充分的资料准备。第三，确定能否对应税项目和免税项目进行准确核算，能否准确划分应税和免税项目共用购进货物、劳务包含的进项税额。第四，增值税的变化将直接影响企业所得税的核算，对于享受增值税优惠的企业，必须按照企业所得税法有关规定进行正确的税务处理。第五，处理好免税项目与增值税专用发票之间的关系，一是纳税人提供应税服务享受免征增值税优惠的，不得开具增值税专用发票；二是纳税人用于免征增值税项目的购进货物、接受应税服务的进项税额，不得抵扣。

4. 重视因分不清纳税义务发生时间带来的税收风险

从税法上看，纳税义务发生后，经营者的行为就被纳入税收征管的视线，就要按照纳税申报期限、方式处理。

营改增企业应认识到纳税义务发生时间的重要性，一要合规，否则面临滞纳金甚至罚款的风险；二要合理规划，通过合同条款推迟纳税义务发生时间，获得资金的时间价值，尤其对于金融、房地产行业，资金额度往往巨大，推迟纳税义务发生时间，无异于获得一笔无息贷款。

总之，营改增企业面临诸多税收风险挑战，需要认真研究增值税制度，提前谋划、全盘考虑，充分做好应对税收风险的准备，实现营改增的平稳过渡。

增值税的计税方法是什么？应纳税额是如何计算的？

1. 增值税的计税方法

增值税的计税方法，包括一般计税方法和简易计税方法。一般纳税人提供应税服务适用一般计税方法计税，小规模纳税人提供应税服务适用简易计税方法计税。

一般计税方法的应纳税额，是指当期销项税额抵扣当期进项税额后的余额。应纳税额计算公式：应纳税额＝当期销项税额－当期进项税额。当期销项税额小于当期进项税额不足抵扣时，其不足部分可以结转下期继续抵扣。

简易计税方法有两点需要注意：一是销售额的计算；二是发生折扣折让的销售额的确定。

简易计税方法的应纳税额，是指按照销售额和增值税征收率计算的增值税额，不得抵扣进项税额。应纳税额计算公式：应纳税额＝销售额×征收率。

简易计税方法的销售额不包括其应纳税额，纳税人采用销售额和应纳税额合并定价方法的，按照下列公式计算销售额：销售额＝含税销售额÷（1＋征收率）。

纳税人提供的适用简易计税方法计税的应税服务，因服务中止或者折让而退还给接受方的销售额，应当从当期销售额中扣减。扣减当期销售额后仍有余额造成多缴的税款，可以从以后的应纳税额中扣减。

2. 增值税应纳税额的计算方法

一般纳税人销售货物或提供应税劳务，其应纳税额运用扣税法计算，计算公式为：应纳增值税额＝当期销项税额－当期进项税额。

小规模纳税人销售货物或提供应税劳务，其应纳增值税额的计算适用简易的办法，即用不含税销售额乘以规定的征收率，但不得抵扣任何进项税额。其计算公式为：应纳增值税额＝销售额×征收率。

进口货物的纳税人，无论是一般纳税人还是小规模纳税人，均应按照组成计税价格和规定的税率计算应纳税额，不得抵扣进项税额。其计算公式为：应纳增值税额＝组成计税价格×税率。

营改增后应征增值税的应税服务范围有哪些规定？

应税服务，是指交通运输服务业和部分现代服务业。下面为大家整理了关于2016年营改增的应税服务基本范围的相关内容，供大家参考。

1. 交通运输业——11％的税率

一是陆路运输服务。是指通过陆路（地上或者地下）运送货物或者旅客

的运输业务活动，包括公路运输、缆车运输、索道运输及其他陆路运输，
2014 年之前不包括铁路运输。出租车公司向使用本公司自有出租车的出租车
司机收取的管理费用，按陆路运输服务征收增值税。

二是水路运输服务。是指通过江、河、湖、川等天然、人工水道或者海
洋航道运送货物或者旅客的运输业务活动。远洋运输的程租、期租业务，属
于水路运输服务。

三是航空运输服务。是指通过空中航线运送货物或者旅客的运输业务活
动。航空运输的混租业务，属于航空运输服务。光租、干租属于有形动产租
赁服务。

四是管道运输服务。是指通过管道设施输送气体、液体、固体物质的运
输业务活动。

2. 部分现代服务业——6%或17%的税率

一是研发和技术服务（6%的税率）。包括研发服务、技术转让服务、技
术咨询服务、合同能源管理服务、工程勘察勘探服务。其中技术转让服务，
是指转让专利或者非专利技术的所有权或者使用权的业务活动。

二是信息技术服务（6%的税率）。是指利用计算机、通信网络等技术对
信息进行生产、收集、处理、加工、存储、运输、检索和利用，并提供信息
服务的业务活动。包括软件服务、电路设计及测试服务、信息系统服务和业
务流程管理服务。

三是文化创意服务（6%的税率）。包括设计服务、商标和著作权转让服
务、知识产权服务、广告服务和会议展览服务。商标和著作权转让服务，是
指转让商标、商誉和著作权的业务活动。专利、商标、著作权、软件、集成
电路布图设计的代理、登记、鉴定、评估、认证、咨询、检索服务属于文化
创意服务中的知识产权服务；转让专利或者非专利技术的所有权或者使用权
的业务活动属于研发和技术服务中的技术转让服务。

四是物流辅助服务（6%的税率）。包括航空服务、港口码头服务、货运

客运场站服务、打捞救助服务、货物运输代理服务、代理报关服务、仓储服务和装卸搬运服务。港口设施经营人收取的港口设施保安费按照"港口码头服务"征收增值税。

五是鉴证咨询服务（6%的税率）。包括认证服务、鉴证服务和咨询服务。鉴证服务，包括会计鉴证、税务鉴证、法律鉴证、工程造价鉴证、资产评估、环境评估、房地产土地评估、建筑图纸审核、医疗事故鉴定等。咨询服务，是指提供和策划财务、税收、法律、内部管理、业务运作和流程管理等信息或者建议的业务活动。代理记账按照"咨询服务"征收增值税。

六是广播影视服务（6%的税率）。包括广播影视节目（作品）的制作服务、发行服务和播映（含放映）服务。

七是有形动产租赁服务（17%的税率）。包括有形动产融资租赁和有形动产经营性租赁。远洋运输的光租业务、航空运输的干租业务，属于有形动产经营性租赁。远洋运输的程租、期租业务、航空运输的湿租业务，属于交通运输服务。

如何理解营改增后的增值税纳税人和扣缴义务人？

对营改增试点企业而言，增值税纳税人和扣缴义务人的身份的认定非常重要。增值税纳税人和扣缴义务人的身份不同，其税率、计税方法、发票使用、管理都不同。因此，营改增试点的增值税纳税人和扣缴义务人要以财政部、国家税务总局于 2013 年 5 月 24 日印发的《交通运输业和部分现代服务业营业税改征增值税试点实施办法》（以下简称《办法》）及相关文件为依据，来确定自己的身份及相关纳税义务。

1. 增值税纳税人

《办法》第一条：在中华人民共和国境内（以下简称"境内"）提供交通运输业和部分现代服务业服务（以下简称"应税服务"）的单位和个人，为增值税纳税人。纳税人提供应税服务，应当按照本办法缴纳增值税，不再缴纳营业税。单位，是指企业、行政单位、事业单位、军事单位、社会团体及其他单位。个人，是指个体工商户和其他个人。

本条是关于纳税人和征收范围的基本规定。具体从以下两个方面理解：

第一，根据本条的规定，纳税人为在境内销售服务、无形资产或者不动产的单位和个人。2016 年 5 月 1 日后，上述纳税人将按照《办法》的有关规定缴纳增值税。销售服务、无形资产或者不动产，具体包括销售交通运输服务、邮政服务、电信服务、建筑服务、金融服务、现代服务、生活服务、无形资产或者不动产。

第二，理解相关概念。"单位"包括企业、行政单位、事业单位、军事单位、社会团体及其他单位。"个人"包括个体工商户和其他个人。其他个人是指除了个体工商户外的自然人。对"境内"概念的理解和掌握，应依照《办法》第十二条的相关规定执行——在境内销售服务、无形资产或者不动产是指：①服务（租赁不动产除外）或者无形资产（自然资源使用权除外）的销售方或者购买方在境内；②所销售或者租赁的不动产在境内；③所销售自然资源使用权的自然资源在境内；④财政部和国家税务总局规定的其他情形。

《办法》第二条：单位以承包、承租、挂靠方式经营的，承包人、承租人、挂靠人（以下统称承包人）以发包人、出租人、被挂靠人（以下统称发包人）名义对外经营并由发包人承担相关法律责任的，以该发包人为纳税人。否则，以承包人为纳税人。

本条是关于采用承包、承租、挂靠经营方式下，纳税人的界定。分为如下两种情况：

第一，同时满足以下两个条件的，以发包人为纳税人：①以发包人名义对外经营；②由发包人承担相关法律责任。

第二，不同时满足上述两个条件的，以承包人为纳税人。

2. 增值税扣缴义务人

《办法》第六条：中华人民共和国境外（以下简称"境外"）单位或者个人在境内发生应税行为，在境内未设有经营机构的，以购买方为增值税扣缴义务人。财政部和国家税务总局另有规定的除外。

本条是关于增值税扣缴义务人的规定。与现行增值税的征收原则不同，在境内发生应税行为，是指应税行为销售方或者购买方在境内。而且因现行海关管理对象的限制，即仅对进、出口货物进行管理，各类劳务尚未纳入海关管理范畴，对涉及跨境提供劳务的行为，将仍由税务机关进行管理。理解本条规定应从以下两个方面来把握：

第一，境外单位或者个人在境内发生应税行为，在境内未设有经营机构的，以购买方为增值税扣缴义务人。本条与原来政策最大的不同，是取消了代理人扣缴增值税的规定。

第二，理解本条规定的扣缴义务人时需要注意，其前提是境外单位或者个人在境内没有设立经营机构，如果设立了经营机构，应以其经营机构为增值税纳税人，就不存在扣缴义务人的问题。

一般纳税人资格认定条件有哪些？
办理流程是怎样的？

1. 增值税一般纳税人资格认定条件

根据《增值税一般纳税人资格认定管理办法》（国家税务总局令第22号）第三条至第五条中的相关规定如下：一是对于年应税销售额超过财政部、国家税务总局规定的小规模纳税人标准的增值税纳税人，除本办法第五条规定外，应当向主管税务机关申请一般纳税人资格认定。年应税销售额，是指纳税人在连续不超过12个月的经营期内累计应征增值税销售额，包括免税销售额。二是对于年应税销售额未超过财政部、国家税务总局规定的小规模纳税人标准以及新开业的纳税人，可以向主管税务机关申请一般纳税人资格认定。

对提出申请并且同时符合下列条件的纳税人，主管税务机关应当为其办理一般纳税人资格认定。一是有固定的生产经营场所；二是能够按照国家统一的会计制度规定设置账簿，根据合法、有效凭证核算，能够提供准确税务资料；三是下列纳税人不办理一般纳税人资格认定：个体工商户以外的其他个人；选择按照小规模纳税人的非企业性单位；选择按照小规模纳税人纳税的不经常发生应税行为的企业。

2. 增值税一般纳税人办理流程

根据《国家税务总局关于调整增值税一般纳税人管理有关事项的公告》（国家税务总局公告 2015 年第 18 号）的规定："二、纳税人办理一般纳税人资格登记的程序如下：（一）纳税人向主管税务机关填报《增值税一般纳税人资格登记表》，并提供税务登记证件；（二）纳税人填报内容与税务登记信息一致的，主管税务机关当场登记；（三）纳税人填报内容与税务登记信息不一致，或者不符合填列要求的，税务机关应当场告知纳税人需要补正的内容。三、纳税人年应税销售额超过财政部、国家税务总局规定标准，且符合有关政策规定，选择按小规模纳税人纳税的，应当向主管税务机关提交书面说明。个体工商户以外的其他个人年应税销售额超过规定标准的，不需要向主管税务机关提交书面说明。四、纳税人年应税销售额超过规定标准的，在申报期结束后 20 个工作日内按照本公告第二条或第三条的规定办理相关手续；未按规定时限办理的，主管税务机关应当在规定期限结束后 10 个工作日内制作《税务事项通知书》，告知纳税人应当在 10 个工作日内向主管税务机关办理相关手续。五、除财政部、国家税务总局另有规定外，纳税人自其选择的一般纳税人资格生效之日起，按照增值税一般计税方法计算应纳税额，并按照规定领用增值税专用发票……六、本公告自 2015 年 4 月 1 日起施行。"

营改增后专用发票如何领购？如何代开？

1. 营改增后专用发票的领购

专用发票领购是指一般纳税人因为经营需要，向国税机关购买增值税专用发票或货物运输业增值税专用发票。

专用发票领购的适用范围，包括已办理增值税专用发票及货物运输业增值税专用发票供票资格申请及最高开票限额行政许可，且税控设备已办理发行的一般纳税人。

专用发票领购的办理资料包括"发票领购簿""发票领购单"；领购增值税专用发票需携带 USB 报税盘；领购货物运输业增值税专用发票的需携带 TCG-01 税控盘或 TCG-02 报税盘；领购增值税专用发票或货物运输业增值税专用发票的携带已开具的最后一张发票记账联（从第二次购票开始需要提供）。

专用发票领购的办理流程：第一，纳税人根据"发票领购簿"核准的发票种类、数量，填写"发票领购单"并加盖公章，到办税服务厅发票发售窗口办理发票领购。第二，纳税人提供资料完整、填写内容准确、各项手续齐全的，国税机关当场办结发票发售。

注意事项：纳税人要确保涉税账号有足够余额用于扣缴发票工本费；使用税控系统开具发票的纳税人，需在申报期内完成申报和税控设备报税手续后才能领购发票。

2. 营改增后专用发票的代开

专用发票代开的意思是，小规模纳税人可以向主管税务机关申请代开增值税专用发票或货物运输业增值税专用发票，税率为3%。

专用发票代开的适用范围，包括小规模纳税人提供应税销售、劳务、服务等，接受方索取增值税专用发票的，可以向主管税务机关申请代开。

专用发票代开的办理资料包括：税务登记证；申请代开货物运输业增值税专用发票的应填写"代开货物运输业增值税专用发票缴纳税款申报单"，一式三份并签章；申请代开增值税专用发票的应填写"代开增值税专用发票缴纳税款申报单"，一式三份并签章；销售货物、提供劳务或服务的合同（仅供查验）；申请代开货物运输业增值税专用发票的纳税人，在首次申请时需提供车辆道路或船舶营业运输证等有效证件复印件、自备或承包、承租的车船等运输工具的证明复印件，复印件需注明"与原件一致"并签章；国税机关要求的其他资料。

专用发票代开的办理流程：第一，填写"代开货物运输业增值税专用发票缴纳税款申报单"或"代开增值税专用发票缴纳税款申报单"，准备好相关资料，向主管国税机关专用发票代开窗口申请。第二，国税机关工作人员审核申请资料，扣缴税款，开具完税凭证。第三，通过税控系统代开增值税专用发票或货物运输业增值税专用发票。

要注意的事项主要有两个：一是认定为一般纳税人后，不可以向主管国税机关申请代开专用发票。二是国税机关代开的专用发票，受票方为一般纳税人的，可以认证并申报抵扣国税机关代开的专用发票。

营改增主要减免税税收优惠项目有哪些？即征即退有哪些政策规定？

1. 营改增主要减免税税收优惠项目

根据相关规定，下面将营改增主要减免税税收优惠项目做一归纳。如表2-1所示。

表 2 - 1　　　　　　　营改增主要减免税税收优惠项目

序　号	内　容
1	托儿所、幼儿园、养老院、残疾人福利机构提供的育养服务，婚姻介绍，殡葬服务免征增值税
2	医疗机构提供的医疗服务免征增值税
3	从事学历教育的学校提供的教育服务免征增值税
4	学生勤工俭学提供的服务免征增值税
5	农业机耕、排灌、病虫害防治、植物保护、农牧保险以及相关技术培训业务，家禽、牲畜、水生动物的配种和疾病防治免征增值税
6	纪念馆、博物馆、文化馆、文物保护单位管理机构、美术馆、展览馆、书画院、图书馆在自己的场所提供文化体育服务取得的第一道门票收入免征增值税
7	寺院、宫观、清真寺和教堂举办文化、宗教活动的门票收入免征增值税
8	个人销售自建自用住房免征增值税
9	公共租赁住房经营管理单位出租公共租赁住房免征增值税
10	金融机构农户小额贷款取得的利息收入免征增值税
11	国家助学贷款取得的利息收入免征增值税
12	国债、地方政府债利息收入免征增值税
13	人民银行对金融机构的贷款免征增值税
14	住房公积金管理中心用住房公积金在指定的委托银行发放的个人住房贷款取得的利息收入免征增值税
15	外汇管理部门在从事国家外汇储备经营过程中，委托金融机构发放的外汇贷款取得的利息收入免征增值税
16	统借统还业务取得的利息收入免征增值税
17	被撤销金融机构以货物、不动产、无形资产、有价证券、票据等财产清偿债务免征增值税
18	保险公司开办的一年期以上人身保险产品取得的保费收入免征增值税
19	金融商品转让收入免征增值税
20	金融同业往来利息收入免征增值税
21	符合条件的担保机构从事中小企业信用担保或者再担保业务取得的收入免征增值税

续 表

序 号	内 容
22	国家商品储备管理单位及其直属企业承担商品储备任务，从中央或者地方财政取得的利息补贴收入和价差补贴收入免征增值税
23	科普单位的门票收入，以及县级及以上党政部门和科协开展科普活动的门票收入免征增值税
24	政府举办的从事学历教育的高等、中等和初等学校（不含下属单位），举办进修班、培训班取得的全部归该学校所有的收入免征增值税
25	政府举办的职业学校从事"现代服务""生活服务"业务活动取得的收入免征增值税
26	家政服务企业由员工制家政服务员提供家政服务取得的收入免征增值税
27	福利彩票、体育彩票的发行收入免征增值税
28	军队空余房产租赁收入免征增值税
29	为了配合国家住房制度改革，企业、行政事业单位按房改成本价、标准价出售住房取得的收入免征增值税
30	将土地使用权转让给农业生产者用于农业生产免征增值税
31	涉及家庭财产分割的个人无偿转让不动产、土地使用权免征增值税
32	土地所有者出让土地使用权和土地使用者将土地使用权归还给土地所有者免征增值税
33	县级以上地方政府或自然资源行政主管部门出让、转让或收回自然资源使用权（不含土地使用权）免征增值税
34	残疾人员本人为社会提供的服务免征增值税
35	个人转让著作权免征增值税
36	纳税人提供的直接或者间接国际货物运输代理服务免征增值税
37	纳税人提供技术转让、技术开发和与之相关的技术咨询、技术服务免征增值税
38	合同能源管理免征增值税
39	安置随军家属就业新办企业免征增值税
40	随军家属从事个体经营免征增值税
41	军队转业官员从事个体经营免征增值税

续　表

序　号	内　容
42	安置军队转业官员新办企业免征增值税
43	跨境应税服务免征增值税
44	退役士兵创业就业减免增值税
45	失业人员从事个体经营限额减免增值税
46	对促进就业企业限额减免增值税
47	海峡两岸直航免征增值税
48	美国船级社免征增值税
49	邮政服务
50	对金融机构农户小额贷款的利息收入免征增值税
51	金融资产管理公司收购、承接、处置不良资产免征增值税
52	全国社会保障基金有关收入免征增值税

2. 营改增即征即退的规定

按照试点过渡政策，营改增实行即征即退有两个项目：

一个是一般纳税人提供管道运输服务，对其增值税实际税负超过3%的部分实行增值税即征即退政策。

另一个是经中国人民银行、银监会或者商务部批准从事融资租赁业务的试点纳税人中的一般纳税人，提供有形动产融资租赁服务和有形动产融资性售后回租服务，对其增值税实际税负超过3%的部分实行增值税即征即退政策。商务部授权的省级商务主管部门和国家经济技术开发区批准的从事融资租赁业务和融资性售后回租业务的试点纳税人中的一般纳税人，2016年5月1日后实收资本达到1.7亿元的，从达到标准的当月起按照上述规定执行；2016年5月1日后实收资本未达到1.7亿元但注册资本达到1.7亿元的，在2016年7月31日前仍可按照上述规定执行，2016年8月1日后开展的有形动产融资租赁业务和有形动产融资性售后回租业务不得按照上述规定执行。

（注：本规定所称增值税实际税负，是指纳税人当期提供应税服务实际缴纳的增值税额占纳税人当期提供应税服务取得的全部价款和价外费用的比例。）

营改增后的"混合销售"和"视同销售"如何进行税务处理？

1. 营改增后"混合销售"的税务处理

先来看营改增后"混合销售"的界定。

财政部、国家税务总局《关于全面推开营业税改征增值税试点的通知》（财税〔2016〕36 号，以下简称 36 号文）附件 1《营业税改征增值税试点实施办法》第四十条：一项销售行为如果既涉及服务又涉及货物，为混合销售。从事货物的生产、批发或者零售的单位和个体工商户的混合销售行为，按照销售货物缴纳增值税；其他单位和个体工商户的混合销售行为，按照销售服务缴纳增值税。本条所称从事货物的生产、批发或者零售的单位和个体工商户，包括以从事货物的生产、批发或者零售为主，并兼营销售服务的单位和个体工商户在内。

根据本条规定，界定"混合销售"行为的标准有两点：一是其销售行为必须是一项；二是该项行为必须既涉及服务又涉及货物。"货物"是指增值税条例中规定的有形动产，包括电力、热力和气体；服务是指属于全面营改增范围的交通运输服务、建筑服务、金融保险服务、邮政服务、电信服务、现代服务、生活服务等。

在界定"混合销售"行为是否成立时，其行为标准中的上述两点必须同时存在，如果一项销售行为只涉及销售服务，不涉及货物，这种行为就不是混合销售行为；反之，如果涉及销售服务和涉及货物的行为，不是存在于一项销售行为之中，这种行为也不是混合销售行为。

因此，混合销售行为是在一项销售行为中既涉及货物又涉及服务的行为。一家企业既从事钢结构等的生产销售，又提供安装工程等建筑服务，判断其是否属于混合销售应该把握两个原则：一是其销售行为必须是一项；二是该项行为必须既涉及服务又涉及货物。比如，有一家企业对 A 公司销售钢构，对 B 公司提供安装服务，这就属于兼营，因为这两项业务不属于同一项销售行为。如果这家企业对 C 公司销售自产钢构，同时提供安装服务，这就属于混合销售业务。

再来看混合销售行为的税务处理。

混合销售行为的税务处理主要依据是总局层面的政策规定。依据 36 号文附件 1《营业税改征增值税试点实施办法》第四十条第二款规定，混合销售行为的计税原则是：从事货物的生产、批发或者零售的单位和个体工商户的混合销售行为，按照销售货物缴纳增值税；其他单位和个体工商户的混合销售行为，按照销售服务缴纳增值税。

其中"从事货物的生产、批发或者零售的单位和个体工商户"，包括以从事货物的生产、批发或者零售为主，并兼营销售服务的单位和个体工商户在内。问题是如何理解和认定"以从事货物的生产、批发或者零售为主"呢？有没有具体的认定标准呢？在税收征管实践中，基本上是以纳税人的年货物销售额与销售服务营业额的合计数中，年货物销售额超过 50%，销售服务营业额不到 50%。

另外，地方税局层面也有不同的执行口径，在此不赘述。

2. 营改增后"视同销售"的税务处理

先来看营改增后"混合销售"的界定。

根据《增值税暂行条例实施细则》规定，以下八种业务需要视同销售：

（一）将货物交付其他单位或者个人代销；

（二）销售代销货物；

（三）设有两个以上机构并实行统一核算的纳税人，将货物从一个机构移送其他机构用于销售，但相关机构设在同一县（市）的除外；

（四）将自产或者委托加工的货物用于非增值税应税项目；

（五）将自产、委托加工的货物用于集体福利或者个人消费；

（六）将自产、委托加工或者购进的货物作为投资，提供给其他单位或者个体工商户；

（七）将自产、委托加工或者购进的货物分配给股东或者投资者；

（八）将自产、委托加工或者购进的货物无偿赠送其他单位或者个人。

根据《营改增试点实施办法》第十四条规定，下列情形视同销售服务、无形资产或者不动产：

（一）单位或者个体工商户向其他单位或者个人无偿提供服务，但用于公益事业或者以社会公众为对象的除外；

（二）单位或者个人向其他单位或者个人无偿转让无形资产或者不动产，但用于公益事业或者以社会公众为对象的除外；

（三）财政部和国家税务总局规定的其他情形。

所以，纳税人发生以上业务，应按照规定视同销售。

再来看混合销售行为的税务处理。

视同销售在税收征管实务中，可以开具发票，但增值税和营业税规定的视同销售是不同的，要具体问题具体分析。

增值税下视同销售的处理：

第一，将货物交付其他单位或者个人代销的行为视同销售货物、销售代销货物的行为视同销售货物。这两项行为都与一般的销售货物没有实质区别，前者针对的是委托方，对受托代销货物方为一般纳税人的，开具专用发票，对受托代销货物方为小规模纳税人的，开具普通发票。后者针对的是受托方，受托方销售代销货物则要根据销售对象开具相应发票。

第二，设有两个以上机构并实行统一核算的纳税人，其相关机构不在同一县（市）的，将货物从一个机构移送其他机构用于销售的行为，视同销售货物。该项行为属于机构内部的货物移送，不应该征税，然而，我国目前增值税的征收管理是实行属地管理的，按规定增值税专用发票不能跨地区使用，为确保不会增加纳税人的税收负担，充分发挥增值税链条机制的作用，需要开具专用发票。

第三，将自产或者委托加工的货物用于非增值税应税项目、集体福利或者个人消费的行为视同销售货物。这两项行为属于内部自产自用性质，不开具发票。

第四，将自产、委托加工或者购进的货物作为投资提供给其他单位或者个体工商户，分配给股东或者投资者和无偿赠送其他单位或者个人的行为视同销售货物。除税务总局发文明确无偿赠送货物可以开具专用发票外，其余两项行为基于货物对外流出，货物的所有权发生改变，为保证货物继续流转，不论从增值税链条还是企业所得税扣除凭证考虑，允许对一般纳税人开具专用发票，对小规模纳税人开具普通发票。另外，纳税人开具专用发票时，一定要注意两点：一是视同销售的货物如果属于免税货物，不得开具增值税专用发票；二是向消费者个人视同销售的货物，不得开具增值税专用发票。

营业税下视同销售的处理：

第一，单位或者个人将不动产或者土地使用权无偿赠送其他单位或者个人，视同销售不动产或者转让土地使用权行为，征收营业税。其中，个人无偿赠与不动产、土地使用权，属于特殊规定情形的，暂免征收营业税。该行为同样类似增值税无偿赠送货物行为，可以开具发票。

第二，单位或者个人自己新建建筑物后销售，其所发生的自建行为，视同提供建筑业劳务。就是说，自建建筑物在销售建筑物的时候，需要在征收销售不动产营业税的同时，再征收一道建筑业营业税，其实就是为保持自建行为与非自建行为之间的税负的平衡，对自建销售的建筑物补征自建行为建筑业营业税。按照发票管理的精神，自建行为由于其未对外提供应税劳务，即使要补征营业税，也不需要开具发票。

第三章　企业营改增之销售管理

营改增给企业带来的最大影响体现在销售方面。做好营改增背景下的销售管理要把握一些重点，如一般纳税人销售营改增前购入的固定资产如何缴税、2016 年营改增后销售不动产有哪些特殊规定、如何梳理销售业务和销售合同等。

一般纳税人销售营改增前购入的固定资产如何缴税？

根据《财政部国家税务总局关于将铁路运输和邮政业纳入营业税改征增值税试点的通知》（财税〔2013〕106 号，以下简称 106 号文）附件 2《营业税改征增值税试点有关事项规定》第一条第（八）款规定：“按照《试点实施办法》和本规定认定的一般纳税人，销售自己使用过的本地区试点实施之日（含）后购进或者自制的固定资产，按照适用税率征收增值税；销售自己使用过的本地区试点实施之日前购进或者自制的固定资产，按照现行旧货相关增值税政策执行。”

根据《财政部国家税务总局关于简并增值税征收率政策的通知》（财税〔2014〕57 号）的规定：“一、《财政部国家税务总局关于部分货物适用增值税低税率和简易办法征收增值税政策的通知》（财税〔2009〕9 号）第二条第（一）项和第（二）项中‘按照简易办法依照 4% 征收率减半征收增值税’调整为‘按照简易办法依照 3% 征收率减按 2% 征收增值税’。”

因此，一般纳税人销售营改增前购入的固定资产可按照简易办法依照 3% 征收率减按 2% 征收增值税。

2016 年营改增后销售不动产有哪些特殊规定？

财政部、国家税务总局 2016 年 3 月 24 日公布了自 2016 年 5 月 1 日起将在全国范围内全面推开的营业税改征增值税改革方案细则，意味着营改增全面收官进入倒计时。两部门公布的《营业税改征增值税试点实施办法》《营业税改征增值税试点有关事项的规定》《营业税改征增值税试点过渡政策的规定》和《跨境应税行为适用增值税零税率和免税政策的规定》4 个文件，全面规定了建筑业、房地产业、金融业、生活服务业四行业加入试点后的方案内容。下面将这些文件中关于销售不动产的特殊规定做一归纳。如表 3 - 1 所示。

表 3 - 1 销售不动产的特殊规定

序　号	内　容
1	一般纳税人销售其 2016 年 4 月 30 日前取得（不含自建）的不动产，可以选择适用简易计税方法，以取得的全部价款和价外费用减去该项不动产购置原价或者取得不动产时的作价后的余额为销售额，按照 5% 的征收率计算应纳税额。纳税人应按照上述计税方法在不动产所在地预缴税款后，向机构所在地主管税务机关进行纳税申报
2	一般纳税人销售其 2016 年 4 月 30 日前自建的不动产，可以选择适用简易计税方法，以取得的全部价款和价外费用为销售额，按照 5% 的征收率计算应纳税额。纳税人应按照上述计税方法在不动产所在地预缴税款后，向机构所在地主管税务机关进行纳税申报
3	一般纳税人销售其 2016 年 5 月 1 日后取得（不含自建）的不动产，应适用一般计税方法，以取得的全部价款和价外费用为销售额计算应纳税额。纳税人应以取得的全部价款和价外费用减去该项不动产购置原价或者取得不动产时的作价后的余额，按照 5% 的预征率在不动产所在地预缴税款后，向机构所在地主管税务机关进行纳税申报

续　表

序　号	内　容
4	一般纳税人销售其 2016 年 5 月 1 日后自建的不动产，应适用一般计税方法，以取得的全部价款和价外费用为销售额计算应纳税额。纳税人应以取得的全部价款和价外费用，按照 5% 的预征率在不动产所在地预缴税款后，向机构所在地主管税务机关进行纳税申报
5	小规模纳税人销售其取得（不含自建）的不动产（不含个体工商户销售购买的住房和其他个人销售不动产），应以取得的全部价款和价外费用减去该项不动产购置原价或者取得不动产时的作价后的余额为销售额，按照 5% 的征收率计算应纳税额。纳税人应按照上述计税方法在不动产所在地预缴税款后，向机构所在地主管税务机关进行纳税申报
6	小规模纳税人销售其自建的不动产，应以取得的全部价款和价外费用为销售额，按照 5% 的征收率计算应纳税额。纳税人应按照上述计税方法在不动产所在地预缴税款后，向机构所在地主管税务机关进行纳税申报
7	房地产开发企业中的一般纳税人，销售自行开发的房地产老项目，可以选择适用简易计税方法按照 5% 的征收率计税
8	房地产开发企业中的小规模纳税人，销售自行开发的房地产项目，按照 5% 的征收率计税
9	房地产开发企业采取预收款方式销售所开发的房地产项目，在收到预收款时按照 3% 的预征率预缴增值税
10	个体工商户销售购买的住房，应按照附件 3《营业税改征增值税试点过渡政策的规定》第五条的规定征免增值税。纳税人应按照上述计税方法在不动产所在地预缴税款后，向机构所在地主管税务机关进行纳税申报
11	其他个人销售其取得（不含自建）的不动产（不含其购买的住房），应以取得的全部价款和价外费用减去该项不动产购置原价或者取得不动产时的作价后的余额为销售额，按照 5% 的征收率计算应纳税额

营改增后零售人该如何谈判租金？

营改增全面推开后，零售人谈判租金需要明确"营业税"和"增值税"这两个概念，并了解租金、管理费等的计算方法。

1. 增值税和营业税的差异

先说增值税，顾名思义，增值税是对增值额征税，即根据销售商品或劳务的销售额，按规定的税率计算出销售税额，然后扣除该商品或劳务时所支付的增值税款，也就是进项税额。而它所谓的抵扣就是进项税和销项税的差额，进项增值税发票上面的税额是可以全部从税务局拿回来的，但是销项增值税发票上面的税额要上交税务局。所以你实际要承担的税负就销项税减进项税的差额。它的计算方式为：销项税额＝含税销售额÷（1＋税额）×税率。

营业税，顾名思义，营业税就是对营业额征税，它是不可抵扣其他进项的。计算方式为：应纳税额＝营业额×税率。

价内税作为价外税的对称，是从价税中以应纳税金是否构成计税依据的组成部分为划分标准所归纳出的一类税。即以含税价格为计税依据的税。其中，价内税为税金包含在商品或劳务价格中的税；价外税为税金附加在商品或劳务价格之外的税。

从上述价外税与价内税的定义中，我们不难发现：增值税是价外税，营业税是价内税。主要区别在于，前者是针对收入和成本之间增值部分按照一定税率计税。

2. 营改增之后，租金、管理费等的几种算法

全面实施营改增之后，品牌方、商场方如何分享这个税收整改带来的利润利好呢？对于实力平衡方或者失衡方，如何在博弈中最终保持自身的利益呢？下面3种算法，相信会为你的困惑答疑（按照大家日常工作习惯，本文将甲方视为出租方，乙方视为租户）。

如果原来的租金是100元，这里面是含了营业税5%的，也就是说甲方收了100元的租金后，缴了5元的营业税之后，真正拿到的是95元的租金，也就是税后租金收入是95元。

算法一：甲方通吃利好，原来的租金不变，加收乙方11%的增值税。

按照此算法，甲方要求租户的在原来的租金 100 元的基础上，额外再支付 11% 的增值税，这样一来，甲方的实际税后租金收入从原来的 95 元，提高到了 100 元，其实是多赚了 5 元。对乙方而言，原来的成本是 100 元，现在虽然缴纳了 111 元但其中 11 元属于增值税，可以抵扣，所以税后的成本还是 100 元，与之前没有改变。

算法二：乙方通吃利好，原来的税后租金 95 元不变。

这种情况下，乙方首先将原来的租金 100 元，改为除去营业税 5% 之后的 95 元，然后在此基础上，增加支付 11% 的增值税给甲方。这样一来，乙方扣除可抵扣的增值税之后付出去的租金是 95 元，相比之前 100 元少了 5 元。而甲方的税后收益 95 元其实没变。

算法三：甲方、乙方平分利好。

这种情况下，将新的租金锁定在原来租金的 95%～100% 范围内的任何点，都可能成为双方博弈之后达成共识的那个点。甲方强大一些，可能就往 95% 方向靠一些；反之，乙方强大一些，就往 100% 那一边靠一些。

上面的算法简便易懂而未考虑附加税成本，因此在真实的算法方案里，还要考虑附加税。

营改增后"混合销售"行为运费如何处理？

根据相关规定，营改增后"混合销售"行为运费的处理分为以下几种情况。

1. 使用自有运输工具完成货物运输

有自备运输工具的企业，在向客户销售货物的同时，为客户提供所售货物的运输劳务。根据增值税法规定，其运费应与货物销售额一起征收增值税。

例 1：甲生产企业向乙工业企业销售一批货物并负责运输，货物适用增值税税率为17%，甲为增值税一般纳税人。货物价款100000元，甲向乙提供所售货物运输劳务同时收取运费1110元，以上款项均通过银行转账结算，甲向乙分别开具增值税专用发票和货物运输业增值税专用发票。

甲会计处理：

借：银行存款　　　　　　　　　　　　　　　　　　118110

　　贷：主营业务收入　　　　　　　　　　　　　　　100000

　　　　其他业务收入　　　　　　　　　　　　　　　　1000

　　　　应交税费——应交增值税（销项税额）　　　　　17110

注：其他业务收入计算方法为1110÷（1+11%）=1000（元）；应交税费计算方法为100000×17%+1110÷（1+11%）×11%=17110（元）。

例2：假设乙为一般纳税人，则乙从甲购买货物的会计处理：

借：原材料（或库存商品、固定资产）　　　　　　　101000

　　应交税费——应交增值税（进项税额）　　　　　　17110

　　贷：银行存款　　　　　　　　　　　　　　　　　118110

注：应交税费计算方法为100000×17%+1110÷（1+11%）×11%=17110（元）。

例3：假设乙为小规模纳税人，则乙从甲购买货物的会计处理：

借：原材料（或库存商品、固定资产）　　　　　　　118110

　　贷：银行存款　　　　　　　　　　　　　　　　　118110

例4：假设甲企业为小规模纳税人，货物总额为100000元，甲向乙提供所售货物运输劳务同时并收取运费1110元，以上款项均通过银行转账结算。

甲会计处理：

借：银行存款　　　　　　　　　　　　　　　　　　101110

　　贷：主营业务收入　　　　　　　　　　　　　　　97087

　　　　其他业务收入　　　　　　　　　　　　　　　　1078

　　　　应交税费——应交增值税（销项税额）　　　　　2945

注：主营业务收入计算方法为100000÷（1+3%）=97087（元）；其他

业务收入计算方法为 1110 ÷ （1 + 3%） = 1078 （元）；应交税费计算方法为
（100000 + 1110） ÷（1 + 3%）×3% = 2945 （元）。

2. 委托运输企业完成货物运输

企业在向客户销售货物时，出面委托运输企业为客户提供所售货物的运输劳务，将货物运抵客户要求的地点，并为此向运输企业支付运费。

例 5：甲生产企业向乙工业企业销售一批货物，货物适用增值税税率为 17%，甲乙均为增值税一般纳税人，货物价款 100000 元，由甲企业委托丙运输公司运抵乙企业，甲向该运输公司支付运费 1110 元，丙向甲开具了货物运输业增值税专用发票。假设丙运输公司为一般纳税人。

甲会计处理：

借：银行存款　　　　　　　　　　　　　　　　　　117000
　　贷：主营业务收入　　　　　　　　　　　　　　　100000
　　　　应交税费——应交增值税（销项税额）　　　　17000

注：应交税费计算方法为 100000×17% = 17000 （元）。

借：销售费用　　　　　　　　　　　　　　　　　　1000
　　应交税费——应交增值税（进项税额）　　　　　　110
　　贷：银行存款　　　　　　　　　　　　　　　　　1110

注：销售费用计算方法为 1110 ÷ （1 + 11%） = 1000 （元）；应交税费计算方法为 1110 ÷ （1 + 11%） ×11% = 110 （元）。

乙会计处理：

借：原材料（或库存商品、固定资产）　　　　　　　100000
　　应交税费——应交增值税（进项税额）　　　　　　17000
　　贷：银行存款　　　　　　　　　　　　　　　　　117000

注：应交税费计算方法为 100000×17% = 17000 （元）。

丙会计处理：

借：银行存款   1110

 贷：主营业务收入   1000

   应交税费——应交增值税（销项税额）   110

例6：接例5，假如丙运输公司为小规模纳税人，丙向甲出具了从税务局代开的专用发票。其余条件不变。则甲企业运费的会计处理：

借：销售费用   1078

  应交税费——应交增值税（进项税额）   32

 贷：银行存款   1110

注：销售费用计算方法为 $1110 \div (1+3\%) = 1078$（元）；应交税费计算方法为 $1110 \div (1+3\%) \times 3\% = 32$（元）。

乙会计处理：

借：原材料（或库存商品、固定资产）   100000

  应交税费——应交增值税（进项税额）   17000

 贷：银行存款   117000

注：应交税费计算方法为 $100000 \times 17\% = 17000$（元）。

丙会计处理：

借：银行存款   1110

 贷：主营业务收入   1078

   应交税费——应交增值税（销项税额）   32

注：主营业务收入计算方法为 $1110 \div (1+3\%) = 1078$（元）；应交税费计算方法为 $1110 \div (1+3\%) \times 3\% = 32$（元）。

3. 代理客户委托运输企业完成货物运输

企业以客户代理身份委托运输企业完成货物运输，与企业自身委托运输企业完成货物运输相比较，二者的主要区别在于：一方面，企业向运输企业支付的运费属于代垫性质，之后有权向客户索还；另一方面，运输企业开具的发票，抬头为客户，且要送达客户手中。根据增值税法规定，此笔运费可不列入销售额，不征收增值税。

例7：接例5，若例5中甲企业向丙运输公司支付的1110元运费属于代垫运费性质，丙运输企业向乙开具的货物运输业增值税专用发票送达乙手中，其余条件不变。

甲会计处理：

借：应收账款 118110

　　贷：主营业务收入 100000

　　　　应交税费——应交增值税（销项税额） 17000

　　　　银行存款 1110

乙会计处理：

借：原材料（或库存商品、固定资产） 101000

　　应交税费——应交增值税（进项税额） 17110

　　贷：银行存款 118110

丙会计处理：

借：银行存款 1110

　　贷：主营业务收入 1000

　　　　应交税费——应交增值税（销项税额） 110

4. 如何梳理销售业务，确定营改增范围

这方面是营改增的影响在销售中的体现。梳理销售业务，确定营改增范围的工作，是公司的税务岗和业务人员协作的，需要将公司所有销售业务按照税务口径重新梳理，核对规定，若全部需要改增还好，有些公司的老营业税业务，是部分需要改增，部分不改，这样，必须区分清楚。

梳理的结果，是形成表格或者说销售业务税种清单，列明业务名字、税种、税率、何种情况下可以减免税，这张表对于企业日后签订销售合同将会起到很大的作用。

如何梳理销售合同，处理涉税条款？

销售合同内往往会涉及发票开具的条款，对于营改增时点前后、跨时点执行的合同，企业需要与客户就发票的开具问题进行协商，包括何时开具、开具什么发票、原先合同约定的金额是否含税等。最好能与客户签订补充协议，就以上问题进行明确。

这些问题看似很小，但其实很重要。这是因为，从企业自身来说，发票开具的时点是在营改增之前还是之后，会决定企业是交营业税还是增值税，如果交增值税可抵扣的进项税又是多少，这些都会对企业自身的收入、税负产生影响。从客户的角度来说，如果客户属于增值税一般纳税人，企业营改增后他们拿到新的增值税专用发票是可以抵扣的，那么合同原先约定的价格是否含增值税就会影响到客户成本或费用的大小；甚至原先客户从你企业那取得的票不可抵扣，营改增后可以抵扣了，直接影响他们的税负，影响的是现金流，是真金白银。这对于客户关系的维系无疑是非常重要的。

如何修改销售内控流程，把控合同风险？

营改增后，企业也应重新审核合同模板和合同签订的风险把控。在合同签订前，了解客户的身份很重要：已经营改增了吗？是一般纳税人还是小规模纳税人？它们是否有抵扣进项的需求？它们属于增值税免税企业吗？合同约定价格是含税价还是不含税价？对企业自身收入影响有多大？落实在实处，就是要在报价中考虑增值税的问题。

第四章　企业营改增之采购管理

营改增给企业采购方面带来的影响较大，做好营改增背景下的采购管理要把握一些重点，如营改增后采购制度如何调整、营改增后对供应商的管理有哪些新的需求、如何梳理采购业务和采购合同等。

营改增对采购人员有哪些影响？

营改增试点已经逐步覆盖了交通运输、现代服务、邮政和电信等多个行业。这些行业随之进入了增值税专用发票和普通发票并存的局面，那么专用发票与普通发票对采购成本有何影响？营业税发票和增值税发票并存的情况下是否都可以收取？收取专用发票时有什么讲究？下面梳理几个企业采购中常见的项目、成本的计算方式以及错误操作带来的风险，为采购人员做决策时提供参考。

1. 电信服务

从 2014 年 6 月 1 日起，电信业进入营改增试点范围，基础电信服务和增值电信服务分别适用 11% 和 6% 的税率。基础电信服务，是指利用固网、移动网、卫星、互联网，提供语音通话服务的业务活动，以及出租或者出售带宽、波长等网络元素的业务活动。增值电信服务，是指利用固网、移动网、卫星、互联网、有线电视网络，提供短信和彩信服务、电子数据和信息的传输及应用服务、互联网接入服务等业务活动，包括卫星电视信号落地转接服务。

采购人员应当与财务部门确认本企业是否为"增值税一般纳税人"，如果是，那么就应该向供应商索取增值税专用发票而非普通发票了，索取增值税专用发票，企业成本可以下降不少。

2. 租入车辆

根据 106 号文的相关规定，出租车辆同时提供司机为企业提供运输服务应认定为交通运输服务，属于增值税服务，税率 11%；只出租车辆的应认定为有形动产租赁服务，属于增值税服务，税率 17%。为避免税务风险，在采购服务的合同或订单中企业应明确服务项目是否包括司机。

3. 仓储服务和房屋租赁

企业租入房屋作为仓库使用，如果属于仓储服务，根据 106 号文的相关规定，应认定为物流辅助业的增值税服务，税率 6%；如果属于房屋租赁，根据《营业税暂行条例》等法规应认定为租赁业的营业税服务。这两项业务的区分是实务中的难点，也缺乏明晰的指引。

仓储服务是指利用仓库、货场或者其他场所代客贮放、保管货物的业务活动。从业务实质出发，如果租赁仓库的保安、管理人员是属于客户的，那么倾向于仓储服务，应开具增值税发票；如果保安、管理人员由出租方提供，那么倾向于租赁，应开具营业税发票。建议企业根据业务实质在合同签订时审阅相关条款，规避税务风险。

4. 不同发票的成本查看和计算

增值税专用发票中的税额称为进项税额，企业可以进行抵扣，从本质上看这只是企业替国家代收代管的资金，并不是企业自己的资金，因此不计入企业的成本。采购时，如果收取到增值税专用发票，那么企业的成本应该按照"金额"中的数字计算，"税额"则不计入成本。如果取得普通发票，或者虽然取得增值税专用发票但不得抵扣的（会计上要做进项税额转出），那么企业的成本要按照"金额"和"税额"加总的数字计算（发票只有"金额"没有"税额"的按"金额"计算）。

如果取得 A 供应商一张会议服务的增值税专用发票，票面金额为 100 元，税额为 6 元，那么企业成本为 100 元。如果取得 B 供应商一张会议服务的营业税发票，票面金额为 100 元，没有税额。那么此时尽管付给 A 供应商的费用为 106 元，比给 B 供应商的多 6 元，但企业的会务费成本相同，都是 100 元。

所以，建议在采购营改增服务向供应商询价时，应该询问供应商是否可以提供增值税专用发票，如果可以提供的，应要求供应商报"不含税价"，然后用"不含税价"去和提供普通发票的供应商比较，这样才能发现企业的真实成本。

目前可以提供增值税专用发票的行业主要包括销售货物、修理修配、交通运输、物流辅助服务（货运代理、仓储等）、邮政、研发和技术服务、信息技术服务、文化创意服务（会展、广告、设计、商标转让等）、动产租赁（即货物的租赁，区别于房屋租赁）、咨询、鉴证、认证等。

5. 错误操作的风险

错误一：可以索取增值税专用发票却索取普通发票。

例如，会议供应商提供一张会议服务发票，票面金额为 100 元，税额为 6 元。那么，采购人员索取专用发票时企业成本为 100 元。索取普通发票时，企业成本为 106 元。索取专用发票时，供应商将要求企业提供纳税人识别号、电话、地址、开户行、账号等一系列信息。采购人员千万不要因为程序烦琐就不提供，这会导致企业成本的上升。

错误二：应当取得某税率的发票，却取得其他税率的发票。

例如，会议供应商告知企业可以开具税率 11% 的增值税专用发票，票面金额 100 元，税额为 11 元。企业在成本不变的情况下可以多获得增值税抵扣，此时采购人员坚决不能同意这种建议，而是应该按照服务实质和合同条款索取税率为 6% 的发票。按照相关规定，企业应收取 6% 的增值税发票，但却取得了 11% 的增值税发票，这是违规的行为。在税务稽查时，一旦被发现，企业不仅可能完全无法抵扣增值税，产生 11 元的增值税进项损失，还会连累到成本不能在企业所得税税前扣除，继而多缴纳 25 元的企业所得税。

营改增对运营商采购管理有哪些影响？
如何实现精细化管理？

采购工作是运营商经营的核心环节之一，这在电信行业体现得最为突出。营改增后，为了获得更多的进项税抵扣，要求运营商必须提升采购管理的精细化程度。为此，建议通过"大数据 + 大采购"实现采购管理的精细化，节约企业成本。

1. 营改增对运营商采购管理的影响

首先，要对供应商资质进行重新划分管理，调整报价评审方式。营改增政策规定，作为一般纳税人的供应商进项税抵扣税率为 17%；而属于小规模纳税人的供应商的抵扣税率仅为 3%。为了增加进项税额的抵扣额度，降低采购成本，要求运营商必须对供应商资质进行重新划分管理，并根据能够获得的进项税抵扣额度，调整不同纳税人类型供应商共同竞价时的报价评审方式，对其项目报价进行差异化核算。

其次，现行的集中采购模式需要优化，要规避可能出现的"留抵"情况。在增值税环境下，要求"票、款、货"三流一致，即付款单位、开具票据的销售单位、提供劳务的单位三者一致，才能申报抵扣进项税额，否则不予抵扣。在集约化管理背景下，运营商的大部分采购项目均采用集团或省级的"统谈、统签、统付"。由于集团（或省公司）通常行使管理职能，没有足够的销项税进行抵扣，很容易形成"留抵"，造成集团（或省公司）整体税负不均衡。

最后，代购交易需要严格按照政策要求进行，规避"关联性税务风险"。增值税环境下，代购货物行为，同时具备以下条件的，不征收增值税；不同时具备以下条件的，无论会计制度法规如何核算，均征收增值税。具体条件包括：受托方不垫付资金；销货方将发票开具给委托方，并由受托方将该发票转交给委托方；受托方按销售方实际收取的销售额和增值税额（如系代理进口货物则为海关代征的增值税额）与委托方结算货款，并另外收取手续费。因此，在选择供应商代购时，需要严格按照营改增政策要求，签订代购合同，避免供应商对运营商产生关联性税务，从而增加公司采购成本。

2. 精细化管理——大数据＋大采购

大数据基础下的大采购需要以企业采购管理的信息化与数据化建设为基础，对供应商的企业规模、常年合同金额、提供的进项税抵扣额度等数据进行全方位的记录和分析，对所有的采购合同进行更精确的数据分析，按照可获得的进项税抵扣额度进行等级划分，设定明确的采购管理标准，最终通过大数据支撑下的精细化管理，不断优化供应商的质量，降低采购成本。

营改增后采购制度如何调整？

1. 价税分离

对于有合同的采购订单，应依据合同谈判结果或谈判意向进行处理，如可抵扣进项税的应明确做"价税分离"；对于无合同的采购订单，应依据已有信息进行预判断，对于可抵扣进项税的应明确做"价税分离"。

2. 采购比价

某企业采购激光笔，有两个供应商报价。一个是一般纳税人，报价为117元。另一个是小规模纳税人，报价为106元。营改增前，从小规模纳税人处购货更划算，但是营改增后，推荐从一般纳税人处购货。因为前者的成本为100元，17元为进项税，可以抵扣。而后者的成本为102.91元，税额为3.09元，通常税额不能抵扣，如果想抵税还要去税务局代开发票。

同样的价格选择供应商为一般纳税人还是小规模纳税人时，可以比较不含税价格来做判断。比如售价为100元的材料，税率为17%，其不含税价格为85.5元；如果小规模纳税人能提供3%征税率的发票，且报价低于85.5元，那么选择小规模纳税人；不能提供发票的，但报价低于85.5÷1.03＝83（元），也可以选择小规模纳税；报价高于85.5元，选择一般纳税人。建议企业在制定比价制度时必须抓住收入和成本不变的原则，保证潜在供应商充分竞争。

3. 集中采购

事前列出企业的成本和费用，划分集中采购的范围和单独采购的范围。

预付卡是不能开具专票的，因为预付卡无法确定其用途，如果用于购买烟酒，根据国家税务总局增值税发票管理规定：商业企业一般纳税人零售的烟、酒、食品、服装、鞋帽（不包括劳保专用部分）、化妆品等消费品不得开具专用发票。

某房地产企业为销售人员购置手机及手机号码并支付通信费。这些费用将来既可以进项抵扣，又可以作为办公费用在计算企业所得税时税前列支抵减，免除个人所得税。如果电话和号码是个人的，销售人员向公司报销，公司又要交企业所得税，代缴个人所得税，还不能进项抵扣。

4. 推迟采购固定资产

购置固定资产不能像购买建筑材料一样采取先买后开票的形式。因为在营改增前购置的固定资产不能进项抵扣，所以企业可以通过推迟采购固定资产来应对营改增。推迟采购有三种形式：先租后买、延长试用期、安装调试期。

营改增后，企业需改变购置车辆购车流程。营改增前，企业是先买车后上牌照，最后再报销。营改增后，买车后应先报销再上牌照。例如，某企业买车后上牌照，将发票全部交给车管所。正好机动车销售发票改版，税务局不允许认证。企业只能开红字发票重开，但是4S店要求企业归还所有发票，而发票已经交给车管所无法取回，以至于汽车不能抵扣。

营改增后集中采购方式是不是就不适用了？

集中采购方式是由法人单位对下属各项目部所用的一些主要材料进行集中的招标采购，通过集中采购方式一方面加强了物资方面的管理，另一方面也可以通过集中采购获得价格上的一些优惠。

集中采购又有统谈统签和统谈分签两种形式。统谈统签，是指法人单位进行统一招标后直接与供应商签订供应合同，供应商将物资提供给法人单位后，法人单位再向其下属的各分支机构调拨。这种方式下，根据增值税的相关规定，为完善增值税抵扣链条，法人单位在向其下属分支机构调拨材料时需要做销售处理，开具增值税专用发票，分支机构取得法人单位开具的增值税专用发票以后抵扣相应的进项税额。

统谈分签，是指法人单位进行统一招标后，由下属各分支机构根据实际需用量单独与供应商签订供应合同，货物、发票都直接交给各分支机构，法人单位主要起到居中调度和协调的作用。

在跨法人进行集中采购的情况下，应当采取统谈分签的形式，否则不同法人的项目部之间划转材料、设备需要做销售处理。对于同一法人内部的集中采购，同城的情况下可以统谈统签；跨区域调拨的情况下，为避免引起税务局征管的异议，最好采取统谈分签模式。

营改增后对供应商的管理有哪些新的需求？

营改增后，企业的实际增值税税负将不仅取决于企业的实际销售额、适用增值税税率（征收率）等因素，还取决于企业的实际管理，特别是进项税的管理。因为增值税抵扣制的特点，企业由营业税管理纳入增值税管理后，需要首先进行供应商信息的更新并积极应对。

1. 供应商的增值税纳税人身份

对于同一采购业务来说，且同时满足下列条件，则相同价格下选择一般纳税人将较小规模纳税人来说更优：一是企业自身是增值税一般纳税人；二是企业选择的征收方式为一般征收；三是企业采购对应的产品或服务为非免税项目。

对于同一采购业务来说，如企业满足下列条件之一，则采购环节还将以价格（价税合计数）高低作为评判标准：一是企业的采购系以生产免税产品为目的；二是企业自身为增值税小规模纳税人；三是企业自身为增值税一般纳税人但选择了简易征收计税方式；四是采购项目系无法开具增值税专用发票的项目（如金融商品买卖）。

2. 供应商能否提供可抵扣增值税进项的有效凭据将成为选择供应商的指标因素之一

供应商提供票据种类，将决定企业从采购环节能否取得可抵扣增值税进项税额以及取得可抵扣进项税额多少。目前可以抵扣进项税额的有效凭证主要包括以下几类：增值税专用发票、税控机动车销售统一发票、海关进口增值税专用缴款书、农产品收购发票（计算抵扣）、农产品销售发票（计算抵扣）、出口货物转内销证明、代扣代缴税收缴款凭证。

以上凭证均需满足特定条件方可产生可抵扣的进项税额。而如何与交易的对方（供应商）进行协商，明确其可获取的票据种类，以便企业取得可抵扣增值税进项税额以及在采购初期就完成准确的成本核算，是营改增后的另一重要变化。

3. 供应商的选择将与采购货物（服务）的用途紧密关联

根据现行增值税法规规定，企业采购下列货物（服务）的进项税额不得从销项税额中抵扣：一是用于集体福利或者个人消费（其中纳税人的交际应酬消费属于个人消费）；二是购进的旅客运输服务、贷款服务、餐饮服务、居民日常服务和娱乐服务。

因此，如果企业从供应商处采购的项目全部用于上述用途，则由于这些用途的购进货物无法抵扣增值税进项税额，因此供应商身份及其能否提供可抵扣增值税进项的有效凭据将无须作为供应商选择的主要依据。

如何梳理采购业务，确定可抵扣范围？

这项工作需要税务和业务人员协作。

要列出各种成本费用明细，核对规定或者咨询税局，看哪些可以抵扣、可以抵扣的税率是多少，一一记下，做成成本费用、购置资产、工程建设抵扣情况清单。需要注意的是，已有采购业务要梳理，以前未发生、即将发生的采购业务也要梳理，成熟稳定的公司还好，新建企业这块不大好做，只能随着采购业务类型的增加，实时判断，经常更新清单。

如何梳理采购合同，处理涉税条款？

和之前的销售合同一样，对于跨时点采购合同的涉税条款，企业也应该给予关注，甚至更加关注！

企业在营改增之前，如果没有做充分的准备，营改增后可能出现可抵扣进项很少的情况，假设此时并没有过渡性的政策扶持，企业可能在这一时间段税负激增，这对企业的现金流无疑是巨大的压力。所以，对于跨时点的合同，企业也应与供应商尽快接洽，必要时签订补充协议，对发票开具种类、含税价和不含税价另行约定。

如何修改采购内控流程，把控合同风险？

营改增会影响采购计划，因为有了可抵扣进项，采购金额都会改变，同样，批准权限的级别也要改变，本来批的是买价，现在可能批的是含税或者不含税价，必须在公司内部流程中描述清楚，否则会引起不必要的歧义。

同时，做到对已有供应商的清单进行统一梳理，而不是招标时临时询问税务资格。

第五章　企业营改增之合同管理

合同管理是企业完善内部管理体系中的重要一环，合同条款的具体内容将直接影响企业的税负承担及税款交纳。本章简要解答营改增后企业合同管理工作中应该关注的要点，包括合同签订时如何审查对方的纳税资格、如何在合同中明确价格等事项、"三流不一致"的风险如何规避、合同标的发生变更时的发票开具与处理等8个要点。

合同签订时如何审查对方的纳税资格？
合同双方名称的规范性要求是什么？

合同签订时应当审查对方的纳税资格，并在合同中完善当事人名称和相关信息。营改增之后，原来的服务提供方可能变为增值税一般纳税人，也可能是小规模纳税人。因此，签订合同时要考虑服务提供方的纳税资格，提供的结算票据是否是增值税专用发票，增值税率是多少，能否抵扣，再分析、评定报价，从而有利于节约成本、降低税负，达到合理控税，降本增效的目的。

要提高合同双方名称的规范性要求。增值税体系下服务接受方需要把公司名称、纳税人识别号、地址、电话、开户行、账号信息主动提供给服务提供方，用于服务提供方开具增值税专用发票。

为什么要在合同中明确价格、增值税额及价外费用等？

增值税税率相对于营业税税率较高，如果不能向上下游相对方转嫁税负，服务提供方或者无形资产的转让方税负将明显上升。因此，营改增以后，需要在合同价款中注明是否包含增值税。

鉴于采购过程中会发生各类价外费用，价外费用金额涉及增值税纳税义务以及供应商开具发票的义务，有必要在合同约定价外费用以及价外费用金额是否包含增值税。

合同中对不同税率的服务内容应当如何核算？

营改增之后，同一家企业可能提供多种税率的服务，甚至同一个合同中包含多种税率项目的情况也会经常发生。

对兼营的不同业务，此时一定要在合同中明确不同税率项目的金额，明确地根据交易行为描述具体的服务内容，并进行分项的明细核算，以免带来税务风险。

发票提供方式和付款方式等条款如何约定？

因为增值税专用发票涉及抵扣环节，开具不了增值税专用发票或者增值税发票不合规，都将给受票方造成法律风险和经济损失。应当考虑将取得增值税发票作为一项合同义务列入合同的相关条款，同时考虑在合同中增加"取得合规的增值税专用发票后才支付款项"的付款方式条款，规避提前支付款项后发现发票认证不了、虚假发票等情况发生。

另外，增值税发票有在180天内认证的要求，合同中应当约定一方向另一方开具增值税专用发票的，一方应派专人或使用挂号信件或特快专递等方式在发票开具后及时送达对方，如逾期送达导致对方损失的，可约定相应的违约赔偿责任。

资金流、票流和物流三流不一致的风险如何规避？

为了防范虚开增值税发票，国税总局曾出台规范性文件要求"三流一致"。所谓"三流一致"，指资金流（银行的收付款凭证）、票流（发票的开票人和收票人）和物流（或劳务流）相互统一，如果三流不一致，将不能对税款进行抵扣。

合同中应当约定由供应方提供其发出货物的出库凭证及相应的物流运输信息。如果货物由供应方指定的第三方发出，为了避免三流不一致、导致虚开发票的行为，需要明确供应方提供与第三方之间的采购合同等资料。

对于委托第三方支付和收款等三流不一致的情形，可以通过签订三方合同的方式减少风险，或者也可通过约定由第三方付款的方式来解决，但需要提供相应委托协议，以防止被认定为虚开增值税专用发票的行为。当然，在实际签订合同时仍需要根具体情况进行设定。

营改增后如何处理跨期合同？风险如何规避？

营改增后未执行完毕的合同，应将未执行部分涉及的税金，由营业税调整为增值税，合同条款修订的过程中可能存在以下风险：一是涉税事项界定不清晰，可能存在重复征税的风险；二是合同对增值税发票信息不明确，取得增值税发票信息错误，导致增值税进行税款不得抵扣，增加税负；三是未执行完的事项如涉及增值税多个税目，而从合同条款上没有详细区分不同税税率项目的合同价格，可能导致从高税率征税。

对于上述风险，可从以下几个方面进行规避：一是要严格区分合同执行时间及纳税义务发生时间，如纳税义务发生在营改增之前的，按原合同条款执行；如纳税义务发生在营改增之后的，应与合同方签订相对应的补充协议。二是需要明确供应商应提供增值税发票类型以及合同双方银行账户和纳税人信息，保证合规使用增值税发票。三是对部分供应商合同条款进行修订，按照营改增政策要求，修改合同总价、不含税价格、增值税金额，明确提供发票类型、价款结算方式与开票事宜等内容。

合同中如何约定合同标的发生变更时发票的开具与处理？

合同标的发生变更，可能涉及混合销售、兼营的风险，需要关注发生的变更是否对己方有利。必要时，己方需要在合同中区分不同项目的价款。

合同变更如果涉及采购商品品种、价款等增值税专用发票记载项目发生变化的，则应当约定作废、重开、补开、红字开具增值税专用发票。如果收票方取得增值税专用发票尚未认证抵扣，则可以由开票方作废原发票，重新开具增值税专用发票；如果原增值税专用发票已经认证抵扣，则由开票方就合同增加的金额补开增值税专用发票，就减少的金额开具红字增值税专用发票。

如何关注合同履约期限、地点和方式等其他细节？

营改增之后，增值税服务的范围大幅增加，很多企业的业务可能是跨境服务。根据营改增的税收优惠政策规定，境内单位在境外建筑服务、文体业服务是暂免征收增值税的，此时可以在合同中对履约地点、期限、方式等进行合理地选择，以便税务机关审查时能够准确认定是否符合免税政策。

第六章　企业营改增之现金流管理

营改增后，将对企业的现金流产生重大影响，尤其是企业的净现金流量都会提高。企业要从现金流视角认识到上游供应方的重要性，合理确定上游供应方；要分析营改增后现金流量表的变化；要采取措施加强对企业现金流量的管理。

营改增对企业的净现金流量有哪些影响？

净现金流量是现金流量表中的一个指标，是指一定时期内，现金及现金等价物的流入（收入）减去流出（支出）的余额（净收入或净支出），反映了企业本期内净增加或净减少的现金及现金等价数额。

营改增推行之后，有学者对其对企业税负的影响进行了大量的研究，发现营改增之后小规模纳税人的税负有明显的降低，但对有些企业特别是交通运输业税负有大幅的提高，认为税改后给这些企业带来过重的税务负担，影响其正常的经营。然而从企业净现金流量的角度出发，无论是小规模纳税人还是一般纳税人的净现金流量都大于零，即企业的净现金流量都会增加。交通运输业至少增加 1.73%，研发和技术、信息技术、文化创意、物流辅助、验证咨询服务业至少增加 3.70%，有形动产租赁服务至少增加 3.04%，具体的增加幅度由抵扣率决定，即抵扣率越大，企业的净现金流量越大。因此从净现金流量的角度出发，所有的营改增试点企业都可以从税改中受益，企业的净现金流量都会提高。

按照企业生产经营活动的不同类型，现金净流量可分为经营型现金净流量、投资型现金净流量和筹资型现金净流量。以经营型现金净流量为例，其一般公式是"经营型现金净流量＝净利润＋折旧－追加投资"，但营改增后情况发生了变化，这里有两个公式可供参考：

其一，营改增前经营型现金净流量＝（含税的收入－含税的成本费用－营业税）×（1－25%）。

其二，营改增后经营型现金净流量＝（含税的收入－含税的成本费用）－（不含税的收入－不含税的成本费用）×25%－增值税。

基于现金流视角，营改增企业如何选择上游供应方？

营改增后，企业的可抵扣进项税额直接影响企业的税负水平。因此，如何选择货物、劳务等的上游供应方是一个值得研究的问题。这里基于现金流视角探讨营改增后企业如何选择上游供应方。

1. 增值税及其计税方法

增值税是对销售货物、提供加工修理修配劳务以及提供应税服务的单位和个人，就其实现的增值额征收的一个税种。其具有以下特点：第一，对销售货物、提供加工修理修配劳务或者提供应税服务各个环节中新增的价值额征收；第二，其核心是税款的抵扣制；第三，实行价外征收，日常会计核算中，其成本不包括增值税。

增值税的计税方法有两种：一般计税方法和简易计税方法。一般计税方法下，应纳税额＝当期销项税额－当期进项税额。当期销项税额小于当期进项税额不足抵扣时，其不足部分可以结转下期继续抵扣。在一般计税方法下，增值税的实质是对生产经营各环节的增值额部分征收，环环征收、层层抵扣，具有消除重复征税、促进专业化协作的优点。简易计税方法下，应纳税额＝销售额（换算成不含税收入）×征收率。在该种方法下，不涉及进项税额的抵扣。

一般纳税人实行凭发货票抵扣的制度，即允许抵扣销项的进项税额必须取得符合国家规定的增值税抵扣凭证。目前，增值税抵扣凭证包括增值税专用发票（含货物运输业增值税专用发票、税控机动车销售统一发票，下同）、海关进口增值税专用缴款书、农产品收购发票或者销售发票、中华人民共和国税收缴款凭证（以下称"税收缴款凭证"）。

增值税由于进项可以抵扣，其抵扣凭证的意义就是已交税款，如何对上游业务（购入与费用）最大可能地取增值税专用发票进而减轻税负是营改增企业关注的焦点。然而，上游供应方能否提供抵扣凭证和销项税率决定了其最终的报价方案。对于同等数量、质量的案购，"营改增"企业面对上游企业不同的价格及其不同的影响，该如何选择？下面基于现金流视角，对不同方案进行测算，企业选择上游供应方的标准为净现金流出量最小的方案。

2. 营改增企业选择上游供应方的计税情况分析

营改增企业为小规模纳税人时，计税采用简易计税方法，不涉及进项税额抵扣，上游供应方能否提供增值税抵扣凭证对营改增企业没有影响。营改增企业为一般纳税人时，除某些特定行业可以选择简易计税方法的情况外，适用一般计税方法。能否从上游供应方取得增值抵扣凭证对营改增企业有不同的影响。

当营改增企业的需求为货物、加工修理修配劳务或除应税特定服务外的应税服务时，根据上游供应方情况，具体分三种方案：一是上游供应方为一般纳税人，采用一般计税方法；二是上游供应方为小规模纳税人，采用简易计税方法，能提供税务机关代开的增值税专用发票；三是上游供应方为小规模纳税人，不能提供税务机关代开的增值税专用发票。

事实上，上游供应方能否提供增值税抵扣凭证不会影响营改增企业的应交增值税，也不会影响其应交城建税以及教育费附加，其他影响可忽略不计。基于这些考虑，营改增企业在进行采购时选择报价低的同量同质的上游供应方即可。

总之，营改增企业在进行货物劳务采购时，在增值税方面要适应以票抵税的增值税管理制度。选择货物、劳务等的上游供应方时，应在考虑能否取得可抵扣有效凭证的同时，选择净现金流出量最小的方案，合理确定上游供应方。

怎样分析现金流量表？

一个企业的现金流如果是正值，那么至少说明企业的运作是良性的，具备内部造血功能。现金流如果是负值，那么必须搞清楚哪一个环节出了问题，企业如何应对这些问题，以及未来有没有好转的可能。那么，怎样分析现金流量表？分析现金流必须从现金的进项开始了解整个资金流运转的过程，还要结合损益表和资产负债表进行综合分析，以求全面、客观地评价企业的财务状况和经营业绩。

1. 从现金进项了解整个资金流运转过程

一是把现金流量表中的"销售商品、提供劳务获得的现金"理解成现金收入。现金收入与利润表中的营业收入的比值称为"现金收入率"，现金收入率的高低反映了企业收获现金的能力。现金收入率较低的企业，要么是应收款占比较高，要么是有虚构收入的嫌疑。换句话说，这类企业很有可能在产业链中处于弱势地位。反之，假定一家企业的现金收入率稳定在较高的比值，那么只要企业的收入一直在增长，就会带来源源不断的现金流。所以，收入增长、毛利增长和现金收入率这三个指标比较重要。

二是把"购买商品、接受劳务支付的现金"理解成现金成本。现金收入减去现金成本就是现金毛利。现金毛利与营业收入的比值称为"现金毛利率"，现金毛利率低甚至是负值的企业，很显然他们的现金流入不敷出，也就是说，他们的现金造血功能不健全，这就必然需要外部补充（融资或借贷）。

现金毛利也就是企业的初始现金流——在还没有支付固定开支和人工工资之前的企业现金流，做过企业的人都知道这意味着什么。

三是把"支付给职工以及为职工支付的现金"理解成人力支出（现金流）。人力支出与营业收入的比值称为"人力成本率"，人力成本率的高低反映出企业的商业模式是"资本密集型"还是"知识密集型"。人工成本一般来说是只增不减的，因此如果企业的人工成本的增长不能够带来更多的初级现金流的增长，这个企业迟早要出问题——经济不好的时候可以裁员或者提高自动化程度。

四是把"购建固定资产、无形资产和其他长期资产支付的现金"理解成为企业的资本支出（现金流）。企业要发展壮大就必须去投资，其中最重要的一块投入就是各种固定资产（厂房设备）、无形资产（版权专利）等长期资产。同上道理，如果企业的资本支出的增长不能带来初级现金流的增长，那么这些投资就是无效投资，或者叫作"过剩型投资"。

综上所述，企业经营中的现金流转过程可以简要概括成如下公式：企业经营活动中的现金流 = 现金收入 – 现金成本 – 人力支出 – 资本支出。

2. 现金流量表与损益表比较分析

损益表是反映企业一定期间经营成果的重要报表，它揭示了企业利润的计算过程和利润的形成过程。利润被看成是评价企业经营业绩及盈利能力的重要指标，但却存在一定的缺陷。众所周知，利润是收入减去费用的差额，而收入费用的确认与计量是以权责发生制为基础，广泛地运用收入实现原则、费用配比原则、划分资本性支出和收益性支出原则等来进行的，其中包括了太多的会计估计。尽管会计人员在进行估计时要遵循会计准则，并有一定的客观依据，但不可避免地要运用主观判断。而且，由于收入与费用是按其归属来确认的，而不管是否实际收到或付出了现金，以此计算的利润常常使一个企业的盈利水平与其真实的财务状况不符。有的企业账面利润很大，看似业绩可观，而现金却入不敷出，举步维艰；而有的企业账面虽然巨额亏损，却现金充足，周转自如。所以，仅以利润来评价企业的经营业绩和获利能力有失偏颇。如能结合现金流量表所提供的现金流量信息，特别是经营活动现金净流量的信息进行分析，则较为客观全面。其实，利润和现金净流量是两个从不同角度反映企业业绩的指标，前者可称为应计制利润，后者可称为现金制利润。二者的关系，通过现金流量表的补充资料揭示出来。

具体分析时，可将现金流量表的有关指标与损益表的相关指标进行对比，以评价企业利润的质量。

一是经营活动现金净流量与净利润比较，能在一定程度上反映企业利润的质量。也就是说，企业每实现 1 元的账面利润中，实际有多少现金支撑，比率越高，利润质量越高。但这一指标，只有在企业经营正常，既能创造利润又能赢得现金净流量时才可比，分析这一比率也才有意义。为了与经营活动现金净流量计算口径一致，净利润指标应剔除投资收益和筹资费用。

二是销售商品、提供劳务收到的现金与主营业务收入比较，可以大致说明企业销售回收现金的情况及企业销售的质量。收现数所占比重大，说明销售收入实现后所增加的资产转换现金速度快、质量高。

三是分得股利或利润及取得债券利息收入所得到的现金与投资收益比较，可大致反映企业账面投资收益的质量。

3. 现金流量表与资产负债表比较分析

资产负债表是反映企业期末资产和负债状况的报表，运用现金流量表的有关指标与资产负债表有关指标比较，可以更为客观地评价企业的偿债能力、盈利能力及支付能力。

一是偿债能力分析。流动比率是流动资产与流动负债之比，而流动资产体现的是能在一年内或一个营业周期内变现的资产，包括了许多流动性不强的项目，如呆滞的存货、有可能收不回的应收账款，以及本质上属于费用的待摊费用、待处理流动资产损失和预付账款等。它们虽然具有资产的性质，但事实上却不能再转变为现金，不再具有偿付债务的能力。而且，不同企业的流动资产结构差异较大，资产质量各不相同，因此，仅用流动比率等指标来分析企业的偿债能力，往往有失偏颇。可运用经营活动现金净流量与资产负债表相关指标进行对比分析，作为流动比率等指标的补充。具体内容如表6-1所示。

表6-1　　　现金流量表与资产负债表比较分析之偿债能力分析

序　号	内　容
1	经营活动现金净流量与流动负债之比。这指标可以反映企业经营活动获得现金偿还短期债务的能力，比率越大，说明偿债能力越强
2	经营活动现金净流量与全部债务之比。该比率可以反映企业用经营活动中所获现金偿还全部债务的能力，比率越大，说明企业承担债务的能力越强
3	现金（含现金等价物）期末余额与流动负债之比。这一比率反映企业直接支付债务的能力，比率越高，说明企业偿债能力越大。但由于现金收益性差，这一比率也并非越大越好

二是盈利能力及支付能力分析。由于利润指标存在的缺陷，因此，可运用现金净流量与资产负债表相关指标进行对比分析，作为每股收益、净资产收益率等盈利指标的补充。如表6-2所示。

表6-2　　　现金流量表与资产负债表比较分析之盈利能力及支付能力分析

序　号	内　容
1	每股经营活动现金净流量与总股本之比。这一比率反映每股资本获取现金净流量的能力，比率越高，说明企业支付股利的能力越强
2	经营活动现金净流量与净资产之比。这一比率反映投资者投入资本创造现金的能力，比率越高，创现能力越强

三是销售商品、提供劳务收到的现金与主营业务收入比较，可以大致说明企业销售回收现金的情况及企业销售的质量。收现数所占比重大，说明销售收入实现后所增加的资产转换现金速度快、质量高。

四是分得股利或利润及取得债券利息收入所得到的现金与投资收益比较，可大致反映企业账面投资收益的质量。

加强企业现金流量管理应该采取哪些措施？

现金流量管理是企业管理中的重要组成部分，控制好企业的现金流量，是抓好企业管理的基础，是企业良性发展的前提。因此，企业必须采取有效措施，做好现金流量管理工作。

现金流量管理，是指以现金流量作为管理的重心，兼顾收益，围绕企业经营活动、投资活动和筹资活动而构筑的管理体系，是对当前或未来一定时期内的现金流动在数量和时间安排方面所作的预测与计划、执行与控制、信息传递与报告以及分析与评价，既包括与现金预算的分工组织体系有关的一系列制度、程序安排及其实施的预测与计划系统和由收账系统、付账系统和调度系统构成的执行与控制系统，又包括借以报告一定时期终了母系统和各子系统综合运行最终结果的信息与报告系统以及对现金流量管理系统、现金预算执行情况和现金流量信息本身的分析与评价系统。由此可见，现金流量管理是一个内容极其丰富的系统。

就企业而言，现金流量管理的基本目标是要确保企业有进行正常经营及其基础上发展所需要的资金，同时加强现金的流动性，提高其营运效率，使得企业在稳定发展中得以壮大实力，在稳定发展基础上扩大规模。那么，如何通过有效现金流量管理达到这一目标呢？

1. 企业融资方面的现金流量管理

企业由于自身存在的一些缺陷导致融资困难，很难从金融机构获得贷款，自有资金成为非常重要的流动资金来源。这就进一步造成其货币资金短缺、筹资渠道狭窄，以内源融资为主。鉴于目前存在的这种情况，为保障和鼓励企业的发展，各国都针对企业融资出台相应政策，我国财政部、国家发改委相继发布了《中华人民共和国企业促进法》及《企业发展专项资金管理办法》，银监会也深入推进企业贷款工作。为保障企业发展所需资金及时到位，北京、上海、广东等地出台相应政策，浙江企业融资采用"抱团取暖"的做法，在渝浙商成立信用担保机构等方法，通过增加银行信用，扩大在银行的贷款额度。通过政府及民间机构的努力，企业融资困难的情况可以得到一定程度的改善。企业自身要通过改善经营管理、规范财务制度、提高核心竞争力和持续发展能力来逐步增强对信贷资金的吸纳。

要坚持诚实守信，提高资信度，赢得银行的信任和支持。还要多方面拓宽融资渠道，如加强与大企业的联系，以取得企业之间的信用，积极利用其他商业信用等。在筹集资金时，注意企业自有资金和债务资金的比例，既要积极利用外部资金，取得"借鸡下蛋"的效果，利用财务杠杆效应，也要与企业自身规模相适应，减小企业风险，同时使用资金成本最低。

2. 企业投资方面的现金流量管理

企业的投资应是中短期项目，不能投资于超过自身规模 15% 以上的项目，应着重投资自身核心竞争能力项目的建设等，夯实基础，避免盲目多元化发展，要吸取一些企业在由小到大的发展过程中所经历的教训，找准自己的方向，对多余的现金流量能合理投资运用，做到稳健的财务管理，注重现金流量管理。企业只有结合自身的发展阶段，定位好企业发展目标，合理运用资金，同时加强对现金、存货及应收账款等往来账的管理，就能提高资金的使用效率。

3. 企业财务管理目标方面的现金流量管理

企业价值最大化是企业财务管理的最终目标，盈利是企业目标体系中的一个基本目标，但企业目标不是"最大利润"，而是长期资本增值最大化。财务管理就是有关资金的获得和有效使用的管理工作，加强资金的管理、提高收益能力、控制成本费用、加速资金的周转、规避企业经营风险和财务风险，以实现企业价值最大化。

在企业日常管理中，一是注重加强财务的基础管理工作，做好账目的日清月结，做好企业与银行的对账及往来账的清理工作。强化信用观念，提高信用等级，做到诚实守信，规范经营，积极拓宽融资渠道。加强与银行等金融单位的联系和协作，利用商业信用形式进行融资。加强货款回收工作，对应收账款应有专人管理，确保没有"坏账"或尽可能最小，确保自有资金来源。管好用活资金，提高资金使用效益，随时了解企业现金流量、库存、销售、应收账款等。科学安排资金、有效运用资本、降低资金成本、提高使用效率是现金流量管理的基础管理工作。

二是做好现金预算的编制工作，加强资金调控，通过现金预算，掌握现金流入、流出情况，及时补足余额，根据企业生产经营情况保留适当的现金余额，对多余现金进行合理运用。

三是加强投资方案评价，积极防范投资风险，企业应立足于长期生存和发展，"练好"基本功，避免盲目多元化以分散财务，走专业化发展核心竞争力的道路。对投资方案的评价主要采用贴现现金流量指标，用现金流量方法来选择投资方案更合理、准确。

四是强化现金流量管理意识，提高财务及其他管理人员素质。

五是加强现金流量指标分析，加强对现金流量表的应用，通过现金流量表使投资者了解企业的现金流动状况，调整企业发展战略和管理措施。应用现金流量表应注重现金流量趋势分析、现金流量的结构及其增减变动原因的分析，以及通过计算分析一些常用的现金流量比率指标来全面地把握现金流量与企业的支付能力、偿债能力、收益质量等之间的内在联系。

下篇

营改增实操

第七章 交通运输行业营改增实务操作

交通运输业是营改增改革的最早试点行业。在实务操作中，应该重点关注交通运输行业营改增试点政策调整、营改增后影响交通运输企业税负的因素有哪些、提供铁路运输服务的增值税一般纳税人应该使用什么发票、小规模纳税人提供货物运输服务能否开具货运专票等问题。

交通运输行业营改增试点有哪些政策调整？

财政部、国家税务总局《关于在全国开展交通运输业和部分现代服务业营业税改征增值税试点税收政策的通知》（财税〔2013〕37 号）（以下简称《通知》），明确 2013 年 8 月 1 日起，在全国范围内开展交通运输业和部分现代服务业营业税改征增值税试点的相关税收政策。为做好全国范围内交通运输业和部分现代服务业营改增试点工作，该文件对现行试点政策进行了整合、调整。其中涉及交通运输行业的政策调整主要有：

第一，取消了部分差额征税政策，营改增在全国范围推开后，为解决同一行业纳税人之间业务分包重复征税问题的差额征税政策已由增值税抵扣机制予以替代，因此，《通知》取消了纳税人提供交通运输服务、仓储服务、国际货物运输代理的差额征税政策。

第二，取消了按运输费用结算单据等计算进项税的政策。考虑到按运输费用结算单据等计算进项税的方式，实质上是一种虚拟抵扣政策，在执行中也存在较大的漏洞，且交通运输业在全国实施营改增后，提供交通运输服务的纳税人均可开具增值税专用发票，无须延续上述虚拟抵扣政策。因此，《通知》取消了试点纳税人和原增值税纳税人按交通运输费用结算单据注明金额和7%扣除率计算进项税的政策；取消了试点纳税人接受试点小规模纳税人提供交通运输服务，按增值税专项发票注明金额和7%扣除率计算进项税的政策。

第三，取消了允许未与我国达成双边运输免税安排国家和地区的单位和个人暂按3%征收率代扣代缴增值税的政策，上述单位和个人应按提供应税服务的适用税率代扣代缴增值税。

第四，取消了不允许试点纳税人和原增值税纳税人抵扣其自用应征消费税摩托车、汽车、游艇进项税的政策。

第五，对试点纳税人对外提供服务既适用增值税免税又适用增值税零税率时，《通知》明确了优先适用零税率。

营改增后影响交通运输企业税负的因素有哪些？

我国出台营改增方案的初衷是试点行业总体税负不增加或略有下降，基本消除重复征税。营改增实施后，交通运输行业缴纳的流转税由营业税改为增值税，虽然消除了重复征税，但并没有完全实现税负降低的目标，不少交通运输企业的税负反而增加了，主要原因如下：

第一，增值税税率设计较高。

交通运输企业原来适用营业税税率3%，改征增值税后一般纳税人的税率为11%，如要保持税负不变或下降，抵扣水平至少要达到8%，而目前交通运输企业普遍存在抵扣税不足的问题。

第二，进项税抵扣不足。

一是交通运输企业的成本结构中，人力成本、房屋（库房）租赁成本、路桥费保险费等占有成本比重较大，这些成本按税法规定是不能抵扣的。

二是交通运输企业由于大部分运输设备是在营改增前采购完成的，这部分固定资产进项税额已经无法抵扣。

三是由于交通运输企业通常会在运输途中加油或修理，一般难以取得增值税专用发票：小型加油站或修理厂可能没有开具增值税专用发票的资格；司机嫌开发票手续繁杂等而没有取得专用发票；多数装卸搬运队是实行松散管理的，无法提供增值税专用发票。

第三，试点企业综合税负的变化。

一是营业税改征增值税后对企业负担的城建税及教育费附加的影响。

二是由于营改增后外购物料所含进项税和缴纳增值税不能在税前扣除等原因对企业所得税造成的影响。

三是营改增后交通运输收入所含销项税不作为应税收入而对企业所得税造成的影响。

通过以上税负影响因素分析，下面以几个交通运输企业（含增值税小规模纳税人和一般纳税人）为例，进行税改前后的综合税负比较分析。

甲公司为增值税小规模纳税人，甲向乙公司提供运输劳务，2013年8月取得收入103万元（含税）。除税金外，假设甲公司税改前后允许所得税前扣除的成本费用不变。

税改前甲公司应缴纳税款：按照3%征收率应纳营业税=1030000×3%=30900（元），应纳城建税和教育费附加=30900×（7%+3%）=3090（元），由于营业税、城建税及教育费附加允许税前扣除而影响企业所得税（减少）=（30900+3090）×25%=8497.5（元），应纳税影响额总计=30900+3090-8497.5=25492.5（元）。

税改后甲公司应缴纳税款：按照3%征收率应纳增值税=1030000÷（1+3%）×3%=30000（元），应纳城建税和教育费附加=30000×（7%+3%）=3000（元），由于城建税及教育费附加税前扣除而影响应纳企业所得税（减少）=3000×25%=750（元），由于运输收入所含销项税不作为应税收入而影响企业所得税（减少）=［1030000-1030000÷（1+3%）］×25%=7500（元），影响应纳企业所得税合计数（减少）=7500+750=8250

（元），应纳税影响额总计＝30000＋3000－8250＝24750（元）。

如果只对比营业税税额和增值税税额，甲公司纳入试点后应纳税额减少900元（30900－30000），但综合考虑所有受影响的相关税种，甲公司纳入试点后综合税额减少742.5元（25492.5－24750）。

丙公司为试点增值税一般纳税人，丙公司向丁公司提供运输劳务，2013年8月取得收入111万元（含税），外购汽油、物料等40万元（不含税），均取得增值税专用发票。除税金外，假设丙公司税改前后允许所得税前扣除的成本费用不变。

税改前丙公司应缴纳税款：按照3%的税率应纳营业税＝1110000×3%＝33300（元），应纳城建税和教育费附加＝33300×（7%＋3%）＝3330（元），由于营业税、城建税及教育费附加允许税前扣除而影响企业所得税（减少）＝（33300＋3330）×25%＝9157.5（元），由于外购物料所含进项税允许税前扣除而影响企业所得税（减少）＝400000×17%×25%＝17000（元），影响应纳企业所得税合计数（减少）＝9157.5＋17000＝26157.5（元），应纳税影响额总计＝33300＋3330－26157.5＝10472.5（元）。

税改后丙公司应纳增值税＝1110000÷（1＋11%）×11%－400000×17%＝42000（元），应纳城建税和教育费附加＝42000×（7%＋3%）＝4200（元），由于城建税及教育费附加允许税前扣除而影响企业所得税（减少）＝4200×25%＝1050（元），运输收入所含销项税不作为应税收入而影响企业所得税（减少）＝［1110000－1110000÷（1＋11%）］×25%＝27500（元），影响应纳企业所得税合计数（减少）＝27500＋1050＝28550（元），应纳税影响额总计＝42000＋4200－28550＝17650（元）。

如果只对比营业税税额和增值税税额，丙公司纳入试点后应纳税额增加42000－33300＝8700（元），但综合考虑所有受影响的相关税种，丙公司纳入试点后综合税额增加17650－10472.5＝7177.5（元）。

根据上述案例计算过程，可推导出"综合税额计算公式"，以便分析企业税改前后综合税负的变化情况。

第一，小规模纳税人（城建税率7%、教育费附加3%）。

税改前综合税负影响额＝营业税＋城建税及教育附加－企业所得税减少额＝含税销售额×营业税税率＋含税销售额×营业税税率×10%－含税营业额×营业税税率×25%－含税营业额×营业税税率×10%×25%。

税改后综合税负影响额＝增值税＋城建税及教育附加－企业所得税减少额＝含税营业额÷（1＋征收率）×征收率＋含税营业额÷（1＋征收率）×征收率×10%－［含税营业额－含税营业额÷（1＋征收率）］×25%－含税营业额÷（1＋征收率）×征收率×10%×25%。

第二，一般纳税人（城建税率7%、教育费附加3%）。

税改前综合税负影响额＝营业税＋城建税及教育费附加－企业所得税减少额＝营业税＋营业税×10%－购进负担进项税额×25%－营业税×25%－城建税及教育费附加×25%＝含税营业额×营业税税率＋含税营业额×营业税税率×10%－购进负担进项税额×25%－含税营业额×营业税税率×25%－含税营业额×营业税税率×10%×25%。

税改后综合税负影响额＝增值税＋城建税及教育附加－企业所得税减少额＝增值税＋增值税×10%－（含税营业额－不含税营业额）×25%－增值税×10%×25%＝［含税营业额÷（1＋增值税税率）×增值税税率－购进负担进项税］＋［含税营业额÷（1＋增值税税率）×增值税税率－购进负担进项税］×10%－［含税营业额－含税营业额÷（1＋增值税税率）］×25%－［含税营业额÷（1＋增值税税率）×增值税税率－购进负担进项税］×10%×25%。

提供铁路运输服务的增值税一般纳税人应该使用什么发票？

根据《国家税务总局关于停止使用货物运输业增值税专用发票有关问题的公告》（国家税务总局公告2015年第99号）规定：

一、增值税一般纳税人提供货物运输服务，使用增值税专用发票和增值税普通发票，开具发票时应将起运地、到达地、车种车号以及运输货物信息等内容填写在发票备注栏中，如内容较多可另附清单。

二、为避免浪费，方便纳税人发票使用衔接，货运专票最迟可使用至2016年6月30日，7月1日起停止使用。

三、铁路运输企业受托代征的印花税款信息，可填写在发票备注栏中。中国铁路总公司及其所属运输企业（含分支机构）提供货物运输服务，可自2015年11月1日起使用增值税专用发票和增值税普通发票，所开具的铁路货票、运费杂费收据可作为发票清单使用。

四、除本公告第三条外，其他规定自2016年1月1日起施行。

小规模纳税人提供货物运输服务能否开具货运专票？

国家税务总局公告2013年第39号第一条第（一）项规定，小规模纳税人提供货物运输服务，服务接受方索取货运专票的，可向主管税务机关申请代开，填写《代开货物运输业增值税专用发票缴纳税款申报单》。代开货运专票按照代开专用发票的有关规定执行。

营改增试点地区纳税人在试点前提供货运服务并开具发票后，发生服务中止、折让、开票有误等情形的，如何处理？

国家税务总局公告2013年第39号第一条第（四）项规定，纳税人于本地区试点实施之日前提供改征增值税的营业税应税服务并开具营业税发票后，如发生服务中止、折让、开票有误等情形，且不符合发票作废条件的，应于

2014 年 3 月 31 日前向原主管税务机关申请开具营业税红字发票，不得开具红字专用发票和红字货运专票。需重新开具发票的，应于 2014 年 3 月 31 日前向原主管税务机关申请开具营业税发票，不得开具专用发票或货运专票。

营改增试点地区一般纳税人开具货物运输业增值税专用发票时，发票票面各栏目如何填写？

国家税务总局公告 2013 年第 39 号第四条第（二）项规定，货运专票中"承运人及纳税人识别号"栏填写提供货物运输服务、开具货运专票的一般纳税人信息；"实际受票方及纳税人识别号"栏填写实际负担运输费用、抵扣进项税额的一般纳税人信息；"费用项目及金额"栏填写应税货物运输服务明细项目及不含增值税的销售额；"合计金额"栏填写应税货物运输服务项目不含增值税的销售额合计；"税率"栏填写增值税税率；"税额"栏填写按照应税货物运输服务项目不含增值税的销售额和适用税率计算得出的增值税额；"价税合计（大写）（小写）"栏填写不含增值税的销售额和增值税额的合计；"机器编号"栏填写货运专票税控系统税控盘编号。

一般纳税人提供免税项目能否使用货运专用发票？

国家税务总局公告 2013 年第 39 号第四条第（一）项规定，一般纳税人提供应税货物运输服务，使用货运专票；提供其他增值税应税项目、免税项目或非增值税应税项目的，不得使用货运专票。

提供铁路运输服务的纳税人有两个以上开票点，能否携带空白发票在开票点所在地开具？

国家税务总局公告 2013 年第 76 号第一条第（三）项规定，提供铁路运输服务的纳税人有 2 个以上开票点且分布在不同省（自治区、直辖市）的，可以携带空白发票在开票点所在地开具。

试点地区纳税人能否继续使用公路、内河货物运输业统一发票？

国家税务总局公告 2013 年第 39 号第一条第（一）项规定，自本地区营改增试点实施之日起，增值税纳税人不得开具公路、内河货物运输业统一发票。

货运专票的认证、稽核结果类型有哪些？

国家税务总局公告 2013 年第 39 号第五条第（二）项规定，货运专票的认证结果类型包括"认证相符""无法认证""认证不符""密文有误"和"重复认证"等类型（暂无失控发票类型），稽核结果类型包括"相符""不符""缺联""重号""属于作废"和"滞留"等类型。认证、稽核异常货运专票的处理按照专用发票的有关规定执行。

第八章 建造行业营改增实务操作

营改增后，试点期间试点纳税人从事建筑工程分包业务如何计税，是一个全新的课题，因此在实务中，以下几点必须关注：建筑行业的简易征收、清包工与甲供工程的区别、合同金额和付款金额不一致问题、建筑业不需要开增值税专用发票问题、劳务分包成本问题、新老项目的界定及衔接问题、税务核算注意事项等。

建筑行业什么情况下可以选择简易征收？

简易征收，即简易征税办法，是增值税一般纳税人，因行业的特殊性，无法取得原材料或货物的增值税进项发票，所以按照进销项的方法核算增值税应纳税额后税负过高，因此对特殊的行业采取按照简易征收率征收增值税。

根据 36 号文，建筑工程分包业务以余额为销售额，现结合具体案例作如下分析，供在实际工作中参考。

第一，同一县（市、区）的情况怎么处理。

36 号文附件 2 第一之（三）之 9 条："试点纳税人提供建筑服务适用简易计税方法的，以取得的全部价款和价外费用扣除支付的分包款后的余额为销售额。"那么，建筑行业什么情况下可以选择简易征收？

一是一般纳税人以清包工方式提供的建筑服务，可以选择适用简易计税方法计税。以清包工方式提供建筑服务，是指施工方不采购建筑工程所需的材料或只采购辅助材料，并收取人工费、管理费或者其他费用的建筑服务。

二是一般纳税人为甲供工程提供的建筑服务，可以选择适用简易计税方法计税。甲供工程，是指全部或部分设备、材料、动力由工程发包方自行采购的建筑工程。

三是一般纳税人为建筑工程老项目提供的建筑服务，可以选择适用简易计税方法计税。建筑工程老项目，是指：《建筑工程施工许可证》注明的合同开工日期在 2016 年 4 月 30 日前的建筑工程项目；未取得《建筑工程施工许可证》的，建筑工程承包合同注明的开工日期在 2016 年 4 月 30 日前的建筑工程项目。

例如，甲建筑公司为增值税一般纳税人，2016 年 3 月 1 日承接 M 工程项目（《建筑工程施工许可证》上注明的合同开工日期为 3 月 15 日），并将 M 工程项目中的部分施工项目分包给了乙公司。5 月 31 日发包方按形象进度支付工程价款 200 万元，价外费用 10 万元。5 月底甲公司支付给乙公司工程分包款 50 万元。对 M 工程项目甲建筑公司选择适用简易计税方法，则 5 月应缴纳增值税计算如下：

根据上述规定，由于该项工程为《建筑工程施工许可证》上注明的合同开工日期在 4 月 30 日前的建筑工程老项目，可以选择适用简易计税方法，以取得的全部价款和价外费用扣除支付的分包款后的余额为销售额。

该公司 5 月应纳增值税 =（210 − 50）÷（1 + 3%）×3% = 4.66（万元）。

第二，跨县（市、区）的情况怎么处理。

36 号文附件 2 第一之（七）之 4 条："一般纳税人跨县（市）提供建筑服务，适用一般计税方法计税的，应以取得的全部价款和价外费用为销售额计算应纳税额。纳税人应以取得的全部价款和价外费用扣除支付的分包款后的余额，按照 2% 的预征率在建筑服务发生地预缴税款后，向机构所在地主管税务机关进行纳税申报。"

36 号文附件 2 第一之（七）之 5 条："一般纳税人跨县（市）提供建筑服务，选择适用简易计税方法计税的，应以取得的全部价款和价外费用扣除支付的分包款后的余额为销售额，按照 3% 的征收率计算应纳税额。纳税人应按照上述计税方法在建筑服务发生地预缴税款后，向机构所在地主管税务机关进行纳税申报。"

36号文附件2第一之（七）之6条："试点纳税人中的小规模纳税人（以下称小规模纳税人）跨县（市）提供建筑服务，应以取得的全部价款和价外费用扣除支付的分包款后的余额为销售额，按照3%的征收率计算应纳税额。纳税人应按照上述计税方法在建筑服务发生地预缴税款后，向机构所在地主管税务机关进行纳税申报。"

仍以上例为例。甲建筑公司为增值税一般纳税人，2016年5月1日在邻县承接M工程项目，并将其中的部分施工项目分包给了乙公司，5月31日发包方按工程进度支付工程价款200万元，价外费用10万元。当月该项目甲公司购进材料取得增值税专用发票上注明的进项税额10万元；5月底甲公司支付给乙公司工程分包款50万元，乙公司给甲公司开具了增值税专用发票，注明税额4.95万元。对M工程项目上述甲公司选择适用一般计税方法计税，则5月应缴纳增值税计算如下：

当期销项税额 $=210 \div （1+11\%） \times 11\% =20.81$（万元）。

当期进项税额 $=10+4.95 =14.95$（万元）。

应纳税额 $=20.81-14.95 =5.86$（万元）。

在邻县建筑劳务发生地预缴增值税 $=（210-50） \div （1+11\%） \times 2\% =2.88$（万元）。

在机构所在地申报缴纳增值税 $-5.86-2.88 =2.98$（万元）。

清包工与甲供工程有何区别？

以清包工方式提供建筑服务，是指施工方不采购建筑工程所需的材料或只采购辅助材料，并收取人工费、管理费或者其他费用的建筑服务。甲供工程，是指全部或部分设备、材料、动力由工程发包方自行采购的建筑工程。清包工和甲供工程这两种方式的建筑业服务，从提供服务的主体上来讲是有区别的。

清包工这种建筑服务的提供者不需要具有建筑业相关资质。实践中一般是劳务公司从建筑公司手中取得分包。他们也无法合法采购建筑工程所需的材料，最多只能采购到一些辅助材料。甲供工程的服务提供者则需要一定的建筑业资质，一般的劳务公司无法提供这种服务。甲供工程提供者自己有能力采购设备、材料、动力等，只不过根据合同安排由发包方全部或者部分提供而已。

如何解决合同金额和付款金额不一致问题？

施工合同中书面合同约定的付款金额与实际付款不一致的，应该按合同约定金额还是按收款额确定计算增值税？比如，某房建施工企业与房地产开发企业签订施工合同，合同造价2000万元，第一期计量合同约定付款金额为1000万元，因房地产开发企业资金紧张，第一期计量施工企业仅收到500万元，那么施工企业纳税申报时是按1000万元，还是按收到500万元计税？

合同金额和付款金额不一致这种情况，在建筑业里非常普遍。如合同发生变更，或者合同执行中存在违约问题造成发票额与合同金额不一致。如果在最终收到的款项和合同约定的金额不一致时，在最终要签订一个补充协议，使合同金额和发票金额保持一致，这样才能够使得在增值税核算上没有任何的风险，不然如果合同金额和发票金额不一致，后期在税收检查里会有很大的麻烦。

很明显，如果1000万元按合同约定的付款时间已到，但到了付款时点，仅仅因为房地产企业资金紧张没有支付，肯定要按照1000万元来进行计税，而不能按照实际收到的500万元来进行计税。

为什么给建筑业开发票不需要开增值税专用发票？

根据增值税专用发票管理办法的规定，取得增值税专用发票的单位，必须是增值税一般纳税人。从事建筑业的企业，是不能认定为一般纳税人的。

所以，这些企业不能取得增值税专用发票。销货单位也不能给其开具增值税专用发票，只能开具普通销货发票。如果开具了增值税专用发票，是属于违规使用增值税专用发票的行为，主管税务机关是要处罚的。

所以，给建筑业开增值税发票和开普通发票的意义是一样的。

企业该如何应对劳务分包这块成本？

关于劳务分包这一块的成本，一定要清楚，增值税所征收的最主要的一块就是人工和增值部分。人工这一块本身就是增值税的计税基础，也就是增值税征税的基础，可以想一下，现在所有看到、使用到的产品，都是由直接材料、直接人工和制造费用组成的，这里直接人工就是材料的增值部分。

对于劳务分包，下一步怎么取得发票，可通过劳务派遣公司走正规的途径取得发票。劳务分保这一块税负上升得多，更多的是原来整个劳务分包没有取得发票，原来5%的劳务分包税率都是虚的，甚至一分钱没有缴，现在直接开6%的增值税专用发票，可能对它来说税负增加很多，所以相关部门已经出台了劳务派遣公司可以差额纳税政策，下一步这个政策还可以用一用，这种差额纳税政策还可以抵扣增值税的进项。

其实劳务分包，原来的税负就是0，个人通过工资表的形式或是白条的形式来列支劳务费，现在直接开到6%，利润点要降低6个百分点，对于他们来说是非常大的付出，从他们身上割肉，这种情况对于他们来说还是非常痛苦的。

房地产开发企业自行开发项目，如何判断是否属于老项目，以开工、完工还是产权登记时间为准？

根据《国家税务总局关于发布〈房地产开发企业销售自行开发的房地产项目增值税征收管理暂行办法〉的公告》（国家税务总局公告 2016 年第 18

号）的规定，房地产老项目，是指：

（一）《建筑工程施工许可证》注明的合同开工日期在 2016 年 4 月 30 日前的房地产项目；

（二）《建筑工程施工许可证》未注明合同开工日期或者未取得《建筑工程施工许可证》但建筑工程承包合同注明的开工日期在 2016 年 4 月 30 日前的建筑工程项目。

营改增后，建筑企业新老项目如何衔接？

因为建筑行业的特性营改增作为一种改革新产生的税率，必然会牵涉营改增正式公布之前签订的合同，以及公布之后签订的合同，也就是小标题所谓的新、老项目。

根据现有的各类信息，新、老项目划分为 4 种情况：

一是营改增之前签订的建筑施工合同，但是没有办理工程施工许可证，导致了工程未动工，营改增之后，才办理了工程施工许可证，工程正式动工的项目，叫作新项目。第一个标准是以工程施工许可证为标准的。

二是营改增之后才签订的建筑施工合同的项目叫作新项目。第二个标准是以合同为主。

三是营改增之前未完工的施工项目，营改增之后继续施工的项目，叫作老项目。

四是先上车后买票的行为，营改增之前没有办理任何的合同，包括工程施工等法律手续，但是工程已经正式动工了，营改增后再补办有关的合同、工程施工规划等一些手续的工程，这还是叫作老项目。

新、老项目归类完毕之后，必然会涉及营改增过渡期，建筑企业新老项目如何衔接？这方面需要明确以下事项：

一是营改增之前采购的建筑施工材料已经用于工程施工项目，但是，拖欠材料款，营改增后，才支付供应商的材料款，而获得了供应商开具的增值税专用发票，不可以抵扣增值税的进项税。

二是营改增之前，施工企业购买的办公用品、机械设备等固定资产以及其他存量资产，但是一次未获得对方开具的发票，等到营改增以后，才获得以上资产供应商开具的增值税专用发票，同样不可以抵扣增值税的进项税。

三是营改增之前已经完工的施工项目，但是未进行工程结算，营改增后才进行了工程结算，收到了业主支付的工程款，建筑企业继续按3%交营业税，继续开建安营业税发票。

四是营改增前，已经完工的施工项目，而且进行了工程结算，但是业主一直拖欠工程款，营改增后业主才支付工程款，施工企业继续按3%交建安税，开建安发票。

五是营改增之前已经完工以及营改增之前未完工的施工项目，营改增之后继续施工的项目，可能有两种方法处理：①继续按照老政策执行，就是按3%上建安税；②执行3%的税率简易增值税。这两种到底是哪一种？以相关文件为准。

六是营改增之后，新、老项目交替出现，共同经营、共同生产的情况下，必须要分开采购、分开核算、分开决算，也就是说，营改增后老项目产生的增值税的进项税，不可以在新项目进行抵扣。

建筑业营改增中税务核算应注意的事项是什么？

对于建筑业和房地产业在税收上认定新老项目一致，都是以《施工许可证》注明的2016年5月1日为节点，5月1日之前可以认定成老项目，5月1日之后认定成新项目，在这里房地产企业选择简易征收和建筑业选择简易征收，两个是不牵涉的。房地产企业对于这个项目选择了简易征收，并不意味着建筑业一定要选择简易征收。可以各选各的，房地产一个项目选择简易征收，或是认定为老项目，这两者选择新老项目没有必然联系，应该是同步的。房地产企业认定一个项目是老项目，建筑业也应该认定为这个项目是老项目，如果房地产企业选择是老项目，选择简易征收，建筑业选择一般计税，再开增值税专用发票，是没有用的，房企不能进行抵扣，建筑业白白损失8%的销项。

建设单位和房地产单位对于同一个项目可以选择不同的计税方式，但这是理论上，实际上应选择同一种计税方式，因为是一条绳上的蚂蚱。一个项目只会有一个《施工许可证》，房地产企业以《施工许可证》为准，建设单位也是以《施工许可证》为准，这对于判断一个项目，完全一致。

但是建筑业中的装饰业的施工日期跟建造主体的施工许可证的日期肯定不一样。

《施工许可证》的开工日期，对于工程是一样的，只有一个，装饰企业也好，施工企业也好，安装企业也好，都适用一个《施工许可证》，装饰企业可能一直到后期，营改增之后很长时间都会用到《施工许可证》上的日期。

对于这个日期，大家没有必要太纠结，这仅仅是选择怎样计税方式的日期，并不是这个日期定下来，一定要按某一种方式进行征税。

第九章　邮政行业营改增实务操作

邮政业自 2014 年 1 月 1 日起实施营业税改征增值税，这是我国进一步推进流转税改革、完善增值税抵扣链条的重要举措。那么，新出台的营改增政策对邮政业有什么影响？邮政企业在营改增实务核算中存在的问题及应对措施是什么？如何应对？邮政业如何领会营改增 106 号文？这些都是邮政企业在实务中需要很好把握的。

营改增对邮政业有哪些影响？

邮政业实施营改增是我国税改的重要举措。下面，我们先对邮政业营改增的特点、营改增带给邮政业的影响进行分析，然后提出对策和建议。

1. 邮政业营改增的特点

邮政业营改增主要有以下几个方面的特点：

第一，邮政业纳税人一律认定为一般纳税人，没有小规模纳税人和一般纳税人之分。虽然我国增值税根据纳税人的年销售额将其分为一般纳税人和小规模纳税人，但由于邮政业是在全国范围内实行总分支机构联网经营，国家税务总局发布的《邮政企业增值税征收管理暂行办法》第十三条规定，"（邮政业）总机构及其分支机构，一律由主管税务机关认定为一般纳税人"，不允许将邮政企业认定为小规模纳税人。

第二，营改增后，邮政业增值税税率统一确定为 11%，无 3% 的征收率。

由于国家税务总局规定将邮政企业统一认定为一般纳税人，不允许将其认定为小规模纳税人，因而在此情况下，邮政业增值税税率只有11%的单一税率，没有3%的征税率。

第三，邮政业增值税缴纳方式由各省、自治区、直辖市和计划单列市邮政企业汇总申报缴纳。根据国家税务总局发布的《邮政企业增值税征收管理暂行办法》第三条规定，"各省、自治区、直辖市和计划单列市邮政企业（以下称总机构）应当汇总计算总机构及其所属邮政企业（以下称分支机构）提供邮政服务的增值税应纳税额，抵减分支机构提供邮政服务已缴纳（包括预缴和查补，下同）的增值税额后，向主管税务机关申报纳税"。从该条规定可以看出，省和计划单列市以下的邮政企业在提供邮政服务时，只需要按照增值税的相关规定预缴增值税销项税和取得相关的增值税进项税依据，然后则应由省和计划单列市邮政总机构对所属分支机构的销项税和进项税汇总后再向主管税务机关申报纳税。

需要指出的是，对邮政企业提供的除邮政服务以外的增值税应税行为则不实行汇总申报缴纳，而应由各邮政企业就地申报纳税。

第四，邮政企业分支机构在提供邮政服务时，应当按照销售额和预征率计算预缴税额，按月向主管税务机关申报纳税，不得抵扣进项税额。

应预缴税额 =（销售额 + 预订款）× 预征率，其中预征率由省、自治区、直辖市或者计划单列市国家税务总局派驻机构商同级财政部门确定。

第五，邮政企业总机构按季纳税，分支机构按月预缴纳税。国家税务总局发布的《邮政企业增值税征收管理暂行办法》规定邮政企业总机构的纳税期限为一个季度，邮政企业分支机构则根据销售额和预征率按月预缴纳税。

第六，邮政服务业增值税免税项目占比较大。目前邮政服务业中的邮政普通服务和邮政特殊服务均为免征增值税项目，除此之外的其他邮政服务属于纳税范围。也就是说，邮册等邮品销售和邮政代理业务等须征收增值税。

同时规定自2014年1月1日至2015年12月31日，中国邮政集团公司及其所属邮政企业为中国邮政速递物流股份有限公司及其子公司（含各级分支机构）代办速递、物流、国际包裹、快递包裹以及礼仪业务等速递物流类业务取得的代理收入，以及为金融机构代办金融保险业务取得的代理收入，也纳入了免征税范围。

2. 营改增对邮政业纳税及会计核算方面的影响

营改增对邮政业纳税及会计核算方面的影响体现在以下几个方面：

第一，对邮政业税负的影响。

邮政业在征收营业税的情况下，营业税的税率为3%，而实施营改增后税率为11%，其税率大幅上升，但允许抵扣购进商品或接受劳务时所取得的进项税额。

过去，邮政业在征收营业税时，基本上是对其营业额全部征税，免征项目和税收优惠措施非常少。而实施营改增后，对占邮政业营业额比重较大的邮政普通服务业务（主要包括邮件寄递、邮票发行、报刊发行和邮政汇兑等业务活动）和邮政特殊服务业务都实行了免征增值税，只对占营业额比重较小的其他邮政业务（邮册等邮品销售和邮政代理等业务活动）征收增值税，这将在一定程度上大大降低邮政企业的税负。

国家税务总局之所以考虑将邮政普通业务和邮政特殊业务纳入免征增值税的范围，主要是考虑到这两项业务涉及老百姓的日常生活，尤其是普通业务数量大，且邮政企业的这两项业务长期处于亏损状态。而邮政特殊业务则是邮政企业利润相对较高的业务，对其免征增值税后，邮政企业的经济效益就会明显好转。

第二，对邮政企业会计核算的影响。

邮政企业在缴纳营业税的情况下，其应纳税额为营业额乘以相应的税率，而在缴纳增值税的情况下，分支机构按月预缴的增值税等于销售额乘以预征率；而总机构需要对所属全部企业的销项税、进项税和预缴税额进行汇总的情况下，才能计算出应纳税额。同时，邮政企业总机构和分支机构还需要对购买商品或接受劳务时取得的进项税额进行核算，并使用增值税专用发票。

因此在实施营改增后，对邮政企业的会计核算提出了更高的要求。

第三，对邮政企业视同销售行为的影响。

营改增前，在征收营业税的情况下，邮政企业在进行促销时，如果采取类似"买一赠一"的促销活动，对其赠予行为是不征收营业税的；但在征收增值税的情况下，对于其赠予行为则应作为视同销售行为征收增值税。

3. 邮政业营改增的对策与建议

邮政企业在营改增以后虽然延续了部分免税政策，但是由于应税项目的税负增加以及邮政企业长久以来的企业运作模式导致可以抵扣的进项税额占比很小，很可能导致邮政企业实际税负增加，应采取以下对策和建议进行改进：

第一，加强内部管理，尽快实现营改增顺利过渡。

增值税贯穿于企业生产经营的全流程，乃至整个产业链，对企业的经营、采购、管理等均将产生复杂和深远的影响。而且，增值税的计税过程比营业税复杂很多，征管也更加的严格，所以各邮政企业应该尽快加强内部管理，尽快实现营改增的顺利过渡。同时，也应对总机构和分支机构之间汇总申报缴纳的流程进行再造，以保持总机构和分支机构进行增值税缴纳衔接的畅通。

第二，强化会计人员培训，提高其业务水平。

一是重点培训和学习增值税基本理念、原理和方法，以及邮政营改增相关政策、规定和核算办法。二是邮政企业应当明确职责分工，明确财务、业务、采购和信息技术等部门的职责分工，并建立日常的沟通机制，在企业内部积极开展财税制度法规培训，确保营改增各项工作有序推进。三是建立健全增值税专用发票和普通发票申领、保管、发放、开具、缴销等流程，汇总纳税申报流程，进项发票取得和认证、传递流程等，并建立健全监督检查机制，切实防范代开、虚开增值税发票等违法犯罪行为的发生。四是主动与财税主管部门沟通协调，完成营改增相关资质认定、发票领购、免税备案等工作。五是由于营改增后，增值税免税业务不能向客户开具增值税专用发票，要及时做好上游客户宣传，尽量降低对业务的负面影响，使企业在新形势下实现邮政新旧税制的顺利过渡，保证企业的平稳运行。

第三，合理选择供应商，在购买商品或接受劳务时尽可能取得增值税专用发票。

实施营改增后，邮政企业税负的高低除了取决于邮政企业销售额的多少以外，还取决于其当期进项税额的多少。在这种情况下，邮政企业在购买商品或接受劳务时，应尽量选择一般纳税人作为自己的供应商，并取得增值税专用发票，这样就取得了抵扣的权利，以便计算应纳税额时予以抵扣。

第四，合理利用税收优惠政策。

邮政业关系到老百姓的日常生活，在营业税改征增值税的情况下，邮政企业应尽量争取更多税收优惠政策并加以合理利用，以减轻企业税负，更好地为民众服务。邮政企业应当利用自身营业网点多、遍布城乡的优势，开展多元化经营，开辟新的盈利点，提高企业盈利能力，促进企业更好更快地发展。

邮政企业营改增实务核算中存在哪些问题？如何应对？

邮政企业全面纳入营改增改革已近一年，税负不降反增，实务核算中也出现了各种问题，下面就纳税实务中出现的问题进行深入分析，并提出改进建议。

1. 邮政企业营改增实务中存在的问题

第一，收入核算工作不到位，被税务机关从严征税。

一是未分别核算不同税率或者征收率的应税服务收入，被从高适用税率。依据相关文件规定：纳税人提供的铁路运输服务、邮政业服务适用11%税率；提供现代服务业服务（有形动产租赁服务除外），税率为6%。邮政企业的收寄、分拣和派揽服务属于物流辅助服务，适用6%税率，而中间的运输环节，属于运输业，适用11%税率。可现实中，邮政企业的收派件和运输业务是一体的，无法明确予以区分。营改增之后，邮政企业财务核算时仍然将其作为一个业务核算。根据《交通运输业和部分现代服务业营业税改征增值税试点实施办法》第三十五条的规定："纳税人提供适用不同税率或者征收率的应税服务，应当分别核算适用不同税率或者征收率的销售额；未分别核算的，从高适用税率。"这导致邮政企业被税务机关从高适用税率，统一按11%征税，从而多缴增值税。

二是免税、减税项目无法分开核算，很难享受税收优惠。《关于在全国开展交通运输业和部分现代服务业营业税改征增值税试点税收政策的通知》（财税〔2013〕137号）对规定的特殊服务收入分别施行了免征、零税率、退税等税收优惠，其目的是减轻纳税人的税收负担，以支持、鼓励某些特殊行业或对象的发展。但邮政企业许多减免税业务不能明确区分，导致不能享受税收优惠。

第二，不能取得符合规定的增值税专用发票，导致进项税额抵扣少。

税务机关为了完善增值税征收管理，对增值税专用发票做了非常严格的规定，开出的增值税专用发票中有一点错误取得专票也无法抵扣，另外开具增值税专用发票还需要采购方提供开票信息的一系列证件。邮政作为物流企业，历来对下游企业发票控管不严，很多可抵扣内容无法取得发票或符合规定的发票，导致进项税额减少。如燃料、配件和汽车修理的费用在物流企业成本中占一大块儿，理论上支出都可以计算进项税额抵扣。但中国邮政作为大型物流企业，没办法强制车辆统一到正规加油站加油或者修理，运载车辆在全国各地行驶的过程中必然是在缺油或抛锚的状况下就近寻找加油站补充燃油或者到修理厂维修，这样就无法保证每次在加油或维修都能取得专票，导致进项税额大大减少。

第三，忽视必要的程序和备案手续，造成未能依法享受税收优惠。

营改增对邮政企业规定了不少税收优惠政策，如依据《应税服务适用增值税零税率和免税政策》规定：为出口货物提供的邮政业服务和收派服务免征增值税。但按照税收征管法规定，符合优惠条件的纳税人必须按照税法规定履行相应的申报程序和备案手续。可在营改增实施后，一些省份的邮政企业或者对税收优惠不熟悉，或者对税收优惠备案工作不熟悉，不能及时进行备案，导致企业失去了享受税收优惠的机会。

第四，会计核算不健全，导致不允许抵扣进项税额。

增值税纳税企业在会计核算上比营业税纳税企业要求更加严格，在计算应纳税额时需准确核算各类收入和"应缴税金——应交增值税"下的各个明细账，如果会计核算不健全，就不允许抵扣进项税额。邮政企业核算本就处于完善过程中，再加上营改增新规定，会计核算人员无法短时间内达到税务机关要求。比如，不能按照会计制度和税务机关的要求准确核算成本、收入、费用、应缴税金等账簿的有关数据，尤其是不能准确核算增值税的销项税额、进项税额和应纳税额；有关会计数据在原始凭证、记账凭证、明细账、总账、会计报表和申报表之间缺乏逻辑对应关系；缺乏原始凭证或者原始凭证不符合规定要求。这些都导致税务机关不允许进项税额抵扣，增加邮政企业税负。

2. 应对邮政企业营改增问题的措施

第一，严格把关，争取最大限度享受税收优惠。

对能享受的税收优惠，一定要尽最大努力积极争取。首先，规范核算，争取将免税收入、减税收入和正常收入区分开，邮政企业可以调集专业人员，研究业务流程，然后将其与会计核算相结合，对业务进行实务和核算的分段处理。其次，积极收集整理税收优惠所需要的各种证据材料。对符合税收优惠条件的，邮政企业需要提供相应材料以证明税收优惠的合法性。如对中国境内单位和个人提供的国际运输服务、向境外单位提供的研发服务和设计服务而取得的收入，适用增值税零税率，需要纳税人分别提供《国际船舶运输经营许可证》《道路运输经营许可证》和《国际汽车运输行车许可证》或者

《公共航空运输企业经营许可证》。只要全员动员，这些资料都能收集齐全。最后，依照税法规定履行有关程序。营改增的有关政策对各项税收优惠都限定有具体的对象、范围、条件，纳税人不仅要向主管税务机关提供必需的证据材料，还需要按规定履行审批、认定或备案的程序，否则不能享受优惠政策。邮政企业有众多优惠政策的享受权利，我们要主动备案，争取税收效益最大化。

第二，加强对增值税发票的管理。

发布条文，要求集团公司所有涉及采购货物或接受劳务必须到有一般纳税人认证资格的公司进行，尽量不从小规模纳税人、个体工商户进行采购或接受劳务。尤其是对于运输车辆的燃料采购和修理，必须严格按照规定进行。另外，取得增值税发票后，经办人应该及时将抵扣联移交财务进行抵扣认证，不得以任何理由将增值税发票滞留手中，这样财会部门能及时发现发票的问题，采取补救措施。

第三，以增值税为目标健全财务核算流程。

邮政企业要加强财务管理，健全财务核算规程，按照企业会计准则和财务通则的要求设立总账、明细账并如实记账，明细账必须包括库存商品（存货）明细账、销售收入明细账、销售成本明细账、应收应付（业务往来款项）明细账、"应缴税金——应交增值税"明细账等账簿；准确核算并提供进项、销项税额和应纳税额等相关纳税资料；配备或者聘请专业财务会计人员进行会计核算。

邮政业如何领会营改增106号文？

106号文，不仅指财政部、国家税务总局于2013年12月12日出台《关于将铁路运输和邮政业纳入营业税改征增值税试点的通知》（财税〔2013〕106号），也包括它的4个附件，即《营业税改征增值税试点实施办法》《营业税改征增值税试点有关事项的规定》《营业税改征增值税试点过渡政策的规定》《应税服务适用增值税零税率和免税政策的规定》。106 号文规定，自 2014 年 1 月起，邮政业和铁路运输纳入营改增试点范围，还新增对多项业务差额征税的规定。

由于邮政业与交通运输业息息相关，因此对于 106 号文的领会，需要从以下几个方面来把握。

1. 营改增试点再扩围"1 + 7"率进化至"2 + 7"模式

从 2012 年 1 月上海开始营改增试点，到 2013 年 8 月全国试点，历时 19 个月完成从"1 + 6"到"1 + 7"模式的转换，就在 5 个月后，营改增政策再次发生大的变化，将进化到"2 + 7"模式。

根据 106 号文，中国邮政集团公司及其所属邮政企业提供邮件寄递、邮政汇兑、机要通信和邮政代理等邮政基本服务的业务活动，从营业税"邮电通信业"中的分列为邮政业纳入营改增试点，具体包括：函件（信函、印刷品、邮资封片卡、无名址函件和邮政小包等）、包裹（按照封装上的名址递送给特定个人或者单位的独立封装的物品，其重量不超过五十千克，任何一边的尺寸不超过一百五十厘米，长、宽、高合计不超过三百厘米）等邮件寄递；邮票发行、报刊发行和邮政汇兑等邮政普遍服务；义务兵平常信函、机要通信、盲人读物和革命烈士遗物的寄递等邮政特殊服务和邮册等邮品销售、邮政代理等其他邮政服务。

邮政业增值税税率为11%；上述企业提供的邮政普遍服务和邮政特殊服务免征增值税，为出口货物提供的邮政业服务免征增值税；为中国邮政速递物流股份有限公司及其子公司（含各级分支机构）代办速递、物流、国际包裹、快递包裹以及礼仪业务等速递物流类业务取得的代理收入，以及为金融机构代办金融保险业务取得的代理收入，2015 年 12 月 31 日前免征增值税。对邮政储蓄业务仍按照金融保险业税目征收营业税。

另外需要说明的是，从营改增试点以来，交通运输业的铁路运输一直仍按营业税征税，这次 106 号文明确，将通过铁路运送货物或者旅客的铁路运输业务纳入营改增试点，从属于陆路运输税目，增值税税率为11%，从而使交通运输业完整地实现了营改增。

至此，营改增试点范围由"1＋7"模式进化为交通运输业、邮政业和7项现代服务业的"2＋7"模式。

除上述两项大变化外，106号文还对营改增应税服务范围进行了部分新增和整合调整，统一体现在附件1《营业税改征增值税试点实施办法》所附的《应税服务范围注释》中：将原营业税邮政通信业中的快递业务分解为交通运输和物流辅助业的收派业务。函件和包裹在异地之间的传递属于运输业；在物流辅助服务税目下增设收派服务：接受寄件人委托，在承诺的时限内完成函件和包裹的收件（从寄件人收取函件和包裹，并运送到服务提供方同城的集散中心）、分拣（服务提供方在其集散中心对函件和包裹进行归类、分发）、派送（服务提供方从其集散中心将函件和包裹送达同城的收件人）服务。收派服务按物流辅助服务的6%税率执行；为出口货物提供的收派服务免征增值税。

将利用火箭等载体将卫星、空间探测器等空间飞行器发射到空间轨道的航天运输服务增列进航空运输服务，并适用增值税零税率优惠；在其他陆路运输服务中增列了地铁运输、城市轻轨运输；在技术咨询服务中增加了技术测试、技术培训两项；把依托计算机信息技术提供的审计管理、税务管理、内部数据挖掘、内部数据管理、内部数据使用作为业务流程管理服务新增到信息技术服务税目中；将货物打包整理、铁路线路使用服务、加挂铁路客车服务、铁路行包专列发送服务、铁路到达和中转服务、铁路车辆编解服务、车辆挂运服务、铁路接触网服务、铁路机车牵引服务列入货运客运场站服务；对翻译服务按咨询服务征税。

2. 调整并增加了多项可按差额征税的业务

2013年8月全国营改增试点后，允许差额征税的仅保留了融资租赁业务这一项。本次106号文对融资租赁的差额征税办法进行了完善和调整，在附件2《交通运输业和部分现代服务业营业税改征增值税试点有关事项的规定》中规定了7项（调整1项新增6项）差额征税业务。具体如表9-1所示。

表9-1　　　　　　　106号文中调整并增加的可按差额征税的业务

序　号	内　容
1	经批准从事融资租赁业务的纳税人，提供有形动产融资租赁服务（融资性售后回租除外），以收取的全部价款和价外费用，扣除支付的借款利息（包括外汇借款和人民币借款利息）、发行债券利息、保险费、安装费和车辆购置税后的余额为销售额。可扣除项目增加了车辆购置税，但剔减了关税、进口环节消费税。解决了财税〔2013〕37号原规定中，将本属于进口有形动产价款本金的关税和进口环节消费税作为费用扣除的问题
2	经批准从事融资租赁业务的试点纳税人，提供有形动产融资性售后回租（承租方以融资为目的，将资产出售给从事融资租赁业务的企业后，又将该资产租回）服务，以收取的全部价款和价外费用，扣除向承租方收取的有形动产价款本金，以及对外支付的借款利息（包括外汇借款和人民币借款利息）、发行债券利息后的余额为销售额。试点纳税人提供融资性售后回租服务，向承租方收取的有形动产价款本金，不得开具增值税专用发票，可以开具普通发票。 在融资性售后回租业务中，承租方购进有形动产时其进项税额已抵扣，而根据《国家税务总局关于融资性售后回租业务中承租方出售资产行为有关税收问题的公告》（2010年第13号）规定，承租方出售有形动产的行为，不属于增值税征收范围，不征收增值税，如果出租方对租金中包含的本金再开具增值税专用发票，势必造成承租方重复抵税款。再者，由于出租方向承租方购买租赁标的物支付价款时无法取得增值税专用发票，出租时虽然收取了租赁标的物的价款本金但又在销售额中扣除，自然也不得开具增值税专用发票，只能开具普通发票
3	注册在北京市、天津市、上海市、江苏省、浙江省（含宁波市）、安徽省、福建省（含厦门市）、湖北省、广东省（含深圳市）9省市的试点纳税人提供除有形动产融资租赁服务以外的应税服务，在2013年8月1日前按有关规定以扣除支付价款后的余额为销售额的，此前尚未抵减（仅限于凭2013年8月1日前开具的符合规定的凭证计算）的部分，允许在2014年6月30日前继续抵减销售额，到期抵减不完的不得继续抵减
4	航空运输企业的销售额，不包括代收的机场建设费和代售其他航空运输企业客票而代收转付的价款

序　号	内　容
5	自本地区试点实施之日起，试点纳税人中的一般纳税人提供的客运场站服务，以其取得的全部价款和价外费用，扣除支付给承运方运费后的余额为销售额，其从承运方取得的增值税专用发票注明的增值税，不得抵扣
6	试点纳税人提供知识产权代理服务、货物运输代理服务和代理报关服务，以其取得的全部价款和价外费用，扣除向委托方收取并代为支付的政府性基金或者行政事业性收费后的余额为销售额。向委托方收取的政府性基金或者行政事业性收费，不得开具增值税专用发票，应当开具省级以上财政部门印制的财政票据
7	试点纳税人中的一般纳税人提供国际货物运输代理服务，以其取得的全部价款和价外费用，扣除支付给国际运输企业的国际运输费用后的余额为销售额。 试点纳税人从全部价款和价外费用中扣除价款，应当取得符合法律、行政法规和国家税务总局规定的有效凭证，否则，不得扣除。在列举的有效凭证中增列了两项：融资性售后回租服务中向承租方收取的有形动产价款本金，以承租方开具的发票为合法有效凭证；扣除政府性基金或者行政事业性收费，以省级以上财政部门印制的财政票据为合法有效凭证

3. 增加了一般纳税人可选择简易计税方法的项目

试点纳税人中的一般纳税人提供的电影放映服务、仓储服务、装卸搬运服务和收派服务，可以选择按照简易计税办法计算缴纳增值税。

4. 抵扣凭证及进项税额抵扣率的变化

财税〔2013〕37 号关于"接受铁路运输服务，按照铁路运输费用结算单据上注明的运输费用金额和 7% 的扣除率计算进项税额"的规定废止，从 2014 年 1 月 1 日起，接受铁路运输服务，应按取得的增值税货运专票上注明的税额作为进项税额。

5. 减免税优惠、即征即退的过渡政策变化

财税〔2013〕37 号规定的减免税优惠过渡政策，除继续执行或在 2013 年

年底截止的以外，有下列变化。如表 9 - 2 所示。

表 9 - 2　　　　106 号文中减免税优惠、即征即退的过渡政策变化

序　号	内　容
1	试点纳税人提供的离岸服务外包业务，享受免税的期限延续到 2018 年 12 月 31 日
2	广播电影电视行政主管部门（包括中央、省、地市及县级）按照各自职能权限批准从事电影制片、发行、放映的电影集团公司（含成员企业）、电影制片厂及其他电影企业转让电影版权、发行电影以及在农村放映电影，免征增值税的优惠政策不再延续，从 2014 年起，电影放映服务可以选择按照简易计税办法计算缴纳增值税
3	试点纳税人提供国际货物运输代理服务免征增值税，其向委托方收取的全部国际货物运输代理服务收入，以及向国际运输承运人支付的国际运输费用，必须通过金融机构进行结算。 试点纳税人为大陆与香港、澳门、台湾地区之间的货物运输提供的货物运输代理服务参照国际货物运输代理服务有关规定执行
4	《财政部国家税务总局关于世行贷款粮食流通项目建筑安装工程和服务收入免征营业税的通知》（财税字〔1998〕87 号）所附《世行贷款粮食流通项目一览表》所列明的世界银行贷款粮食流通项目，自 2014 年 1 月 1 日至 2015 年 12 月 31 日免征增值税
5	中国邮政集团公司及其所属邮政企业提供的邮政普遍服务和邮政特殊服务免征增值税
6	自 2014 年 1 月 1 日至 2015 年 12 月 31 日，中国邮政集团公司及其所属邮政企业为中国邮政速递物流股份有限公司及其子公司（含各级分支机构）代办速递、物流、国际包裹、快递包裹以及礼仪业务等速递物流类业务取得的代理收入，以及为金融机构代办金融保险业务取得的代理收入免征增值税
7	青藏铁路公司提供的铁路运输服务免征增值税
8	注册在洋山保税港区和东疆保税港区内的试点纳税人，提供的国内货物运输服务、仓储服务和装卸搬运服务，实行的增值税即征即退政策执行至 2015 年 12 月 31 日
9	2015 年 12 月 31 日前，试点纳税人中的一般纳税人提供管道运输服务，对其增值税实际税负超过 3% 的部分实行增值税即征即退政策

序　号	内　容
10	试点纳税人中的一般纳税人提供管道运输服务，对其增值税实际税负超过3%的部分实行增值税即征即退政策，执行至2015年12月31日
11	经中国人民银行、银监会或者商务部批准从事融资租赁业务的试点纳税人中的一般纳税人，提供有形动产融资租赁服务，在2015年12月31日前，对其增值税实际税负超过3%的部分实行增值税即征即退政策。商务部授权的省级商务主管部门和国家经济技术开发区批准的从事融资租赁业务的试点纳税人中的一般纳税人，2013年12月31日前注册资本达到1.7亿元的，自2013年8月1日起，按照上述规定执行；2014年1月1日以后注册资本达到1.7亿元的，从达到该标准的次月起，按照上述规定执行
12	航天运输服务参照国际运输服务，适用增值税零税率

　　说明：上表所称增值税实际税负，是指纳税人当期提供应税服务实际缴纳的增值税额占纳税人当期提供应税服务取得的全部价款和价外费用的比例。

6. 纳税人身份认定标准有微调

　　应税服务年销售额超过一般纳税人认定标准（500万元）但可以选择按小规模纳税人纳税的对象中，"不经常提供应税服务的非企业性单位、企业"修改为"不经常提供应税服务的单位"，这是由于106号文一开始就已将企业纳入"单位"，没必要再分列。但需注意的是，营改增试点纳税人应税服务年销售额超过规定标准但"不经常提供应税服务的单位"可选择按照小规模纳税人纳税，与《增值税暂行条例》中"非企业性单位、不经常发生应税行为的企业"可选择按小规模纳税人纳税，仍是有区别的。

　　财税〔2013〕37号规定"小规模纳税人会计核算健全，能够提供准确税务资料的，可以向主管税务机关申请一般纳税人资格认定，成为一般纳税人"，而106号文将该规定修改为"未超过规定标准的纳税人会计核算健全，能够提供准确税务资料的，可以向主管税务机关申请一般纳税人资格认定，成为一般纳税人"，而看似修改不大，只是将"小规模纳税人"改为"未超过规定标准的纳税人"，实则意义深远，意味着非增值税小规模纳税人只要会计核算健全，能够提供准确税务资料，也可以申请为增值税一般纳税人。

7. 其他营改增政策的细微变化

同一省级辖区内的总分支机构可汇总缴税：自 2014 年 1 月 1 日起，属于固定业户的试点纳税人，总分支机构不在同一县（市），但在同一省（自治区、直辖市、计划单列市）范围内的，经省（自治区、直辖市、计划单列市财政厅和局）和国家税务局批准，可以由总机构汇总向总机构所在地的主管税务机关申报缴纳增值税。

不征税代收费用增设条件：对不计入价外费用的代为收取的政府性基金或者行政事业性收费，增设了必须同时符合的三个条件，从而与增值税暂行条例实施细则保存一致。

第十章　电信行业营改增实务操作

电信行业从 2014 年 6 月 1 日起被纳入营改增试点范围，那么，营改增对电信行业财务管理有哪些影响？需要采取哪些相关对策？对提供基础电信服务如何进行涉税处理？对提供增值电信服务如何进行涉税处理？对提供电信业特殊服务如何进行涉税处理？提供电信业服务有哪些项目可以在销售额中扣除？电信服务积分兑换商品如何处理？提供套餐服务、融合服务时，如何计算缴纳增值税并开具发票？这些都是我们需要解决的问题。

营改增对电信行业财务管理有哪些影响？
需要采取哪些相关对策？

营改增已是大势所趋，在电信行业的营改增全面深入实施之前，其为电信行业带来的影响有利有弊，对企业净利润、税收筹划、经营效益的影响等，都是电信行业运营商应该着重关注的问题。电信行业应了解营改增带来的影响，以便尽快采取应对措施。

1. 营改增对电信行业的影响分析

第一，营改增对电信行业财务管理的影响。

在执行营改增之前，企业所缴纳的营业税，借记"主营业业税金及附加"科目，贷记"应交营业税"科目，营业额中包含营业税，企业将其纳入成本范畴，属于可以在所得税之前扣除的类别。在实行营改增之后，企业所缴纳的增值税要按照增值部分进行计算，不能作为成本进行扣除。企业的销项税额应以不含税销售额的营业收入进行计算。取得增值税专用发票的成本费用和资本性支出，在符合抵扣要求的情况下，计量依据从总价变为不含税净额。此外，取得符合规定的增值税扣税凭证的劳务支出和外购货物也应按不含税价格确定进项税额。

固定资产的投资对电信运营商可抵扣进项税在一定程度上会产生影响，电信行业的固定资产通常是一些使用寿命较长的大型设备或设施，营改增前投入的固定资产不能进行抵扣，营改增后投入的固定资产可以进行抵扣，但是，营改增后可抵扣进项税所产生的影响需要一段时间才可以体现出来。电信运营商收入会随着营改增的进行有所下降，成本费用支出中的部分类别仍然缴纳营业税，无法进行抵扣，如折旧、人工成本、财务费用、用户欠费、租赁和维修支出等。再者，可抵扣项目增值税专用发票取得的难易程度及充分度会影响成本费用，以上这些因素都会影响电信运营商的盈利能力。

第二，营改增对电信行业税负的影响。

营改增之前，电信行业适用营业税税率为3%的低税率，部分通信业企业还可以享受差额征税等优惠政策。而营改增以后，电信行业的基础电信服务适用11%的高增值税税率，增值电信服务适用6%的增值税税率。相比之下，电信企业负担的税率增加，其所需缴纳的税款便会相应提高。据2014年调查显示：当前信息服务业企业利润率不足6%，实施营改增后，三大基础运营商利润将下降36.5%，信息服务业和软件业企业将下降20%。以中国移动通信集团福建有限公司为例，预计全年总收入将下降15亿元，占原收入的9.8%；利润总额将下降7.12亿元，降幅为110.34%；税负将增加0.94亿元，增幅达17.3%。

在进项税方面，营业税是以营业额为计税依据，而增值税是以销项税额减进项税额的差额为计税依据，其中可抵扣的进项税额，有三部分会对其金额造成影响：一是人工成本。因为人工成本中包含的劳务派遣人员的工资并没有被纳入营改增试点的范围，所以人工成本不能全部用以产生进项税额。如果劳务派遣人员的工资占总人工成本的比例过高，成本可抵扣的部分所占的比重就会被提高，从而导致计税基数过高，便会增加税负。二是固定资产。电信企业购入的固定资产属于可以从销项税额中抵扣的项目，凭有效凭证进行抵扣。在营改增后，假如企业进行了大规模的资产投入，就会产生大量的进项税抵扣额，企业的税负会降低。但是大量的固定资产投入往往会出现在电信企业建设的早期，这一时期会有大量的折旧摊销费用，而这些费用按规定无法进行进项税额的抵扣，在一定程度上增加了税负。三是房屋租赁。电信业由于其业务需要往往会租用大量的房屋，但是房屋租赁所产生的租金等费用并未纳入营改增的范围。

在销项税方面，在营改增之前，原套餐中包含的无偿赠送业务与套餐捆绑征收3%的营业税，而在营改增以后，无偿赠送业务将视同销售，需缴纳增值税，由于营改增初期电信企业未能及时调整其原有的通话套餐业务，从而增加了企业的税负。

第三，营改增对电信行业运营模式的影响。

营改增以前，三大运营商为了相互竞争均采用了相应的促销方法，例如充话费送手机、积分兑换物品等。依据有关规定，以业务销售附带赠送实物业务，不征收增值税，其进项税额不得予以抵扣；附带赠送实物不适用营业税征收范围，不予征收营业税。实行营改增后，预存话费送的手机、礼品等附带于销售业务的赠送实物的业务应视同销售，对其计征销项税，基于此，运营商可能会改变原有的经营模式，降低用户的额外补贴。

第四，营改增对电信行业纳税方式的影响。

营改增之前，电信运营商的货物采购大多实行由集团公司、省公司集中采购和付款。但在营改增后，由于集团或省级公司集中采购产生的进项税和市分公司因销售产生的销项税额不属于同一纳税主体，这将产生市分公司如何进行抵扣的问题，电信行业的纳税方式将发生变化。

2. 电信行业应对营改增应该采取的相关对策

通过上面的分析可以发现，在营改增的初期，其对电信行业产生的影响是弊大于利。电信行业要想减轻税负，增加利润，必须提早做出应对措施，只有这样，才能在营改增的契机下保持良好的发展势头。

第一，优化运营模式，适应营改增相关规定。

基于此行业的特殊性，电信行业应该尽快调整其套餐内容，对有捆绑视同销售赠送业务的套餐方案进行改革优化。电信行业应该对其基础电信服务和增值电信服务加以区分，根据对应的税率进行会计核算，避免由于分类的混乱出现全部业务均按11%的高税率进行纳税的后果。

第二，合理利用固定资产相关政策。

电信行业应对营改增后对外购、自建固定资产允许抵扣进项税的政策进行合理利用。电信行业可以通过增值税进项税额的抵扣，减少固定资产的折旧费用，从而降低成本费用，增加利润。

第三，加强增值税专用发票的管理。

实践证明，增值税专用发票的取得，对电信行业乃至全部行业进项税额的抵扣环节来说都至关重要。在面临一般纳税人和小规模纳税人供应商的选择时，企业应选择优良供应商，优先选取一般纳税人作为供应商。企业可以事先与供应商关于专用发票的取得问题协商出一致、互利的方案。另外，电信行业作为其他行业的供应商，也应进一步提高自身开具增值税专用发票的能力，及时开具合法合规的增值税专用发票。

第四，进行内部相关业务人员的培训。

营改增的实施必定需要更高素质的相关业务人员，电信企业运营商应对企业内部相关工作人员进行进一步的教育和专业知识的培训，提高其整体素质、职业道德及专业技术知识水平，使其具备应对营改增所带来弊端的能力。

对提供基础电信服务如何进行涉税处理？

依照相关文件规定，电信业提供基础电信服务，适用11%的增值税税率；如果在提供电信业服务时，附带赠送用户识别卡、电信终端等货物或者电信业服务的，应将其取得的全部价款和价外费用进行分别核算，按各自适用的税率计算缴纳增值税。

比如，某电信集团某分公司系增值税一般纳税人。2014年6月，利用固网、移动网、卫星、互联网，提供语音通话服务取得价税合计收入2220万元；出租带宽、波长等网络元素取得价税合计服务收入555万元；出售带宽、波长等网络元素取得价税合计服务收入888万元。另外，该分公司在提供电信业服务时，还附带赠送用户识别卡、电信终端等货物或者电信业服务，给客户提供基础电信服务价税合计333万元。已知该分公司当月认证增值税专用发票进项税额200万元，且符合进项税额抵扣规定。那么，该分公司2014年6月应如何申报缴纳增值税？依照相关文件规定，该分公司2014年6月应申报缴纳的增值税 $(2220+555+888+333) \div 1.11 \times 11\% - 200 = 196$（万元）。

对提供增值电信服务如何进行涉税处理？

依照相关文件规定，电信业提供增值电信服务，适用6%的增值税税率；如果在提供电信业服务时，附带赠送用户识别卡、电信终端等货物或者电信业服务的，应将其取得的全部价款和价外费用进行分别核算，按各自适用的税率计算缴纳增值税。

比如，某电信集团某分公司系增值税一般纳税人。2014年6月，利用固网、移动网、卫星、互联网、有线电视网络，提供短信服务，取得价税合计收入318万元；提供彩信服务，取得价税合计收入212万元；提供电子数据和信息的传输及应用服务，取得价税合计收入424万元；提供互联网接入服务，取得价税合计收入 636 万元；提供卫星电视信号落地转接服务，取得价税合计收入 742 万元。同时，该分公司在提供电信业服务时，还附带赠送用户识别卡、电信终端等货物或者电信业服务，给客户提供增值电信服务价税合计 106 万元。已知该分公司当月认证增值税专用发票的进项税额为 38 万元，且符合进项税额抵扣规定。那么，该分公司 2014 年 6 月应如何申报缴纳增值税？依照相关文件规定，该分公司 2014 年 6 月应申报缴纳的增值税 $(318+212+424+636+742+106)\div1.06\times6\%-38=100$（万元）。

对提供电信业特殊服务如何进行涉税处理？

依照相关文件规定，电信业提供下列特殊服务，可按以下规定申报缴纳增值税：

第一，中国移动通信集团公司、中国联合网络通信集团有限公司、中国电信集团公司及其成员单位通过手机短信公益特服号为公益性机构接受捐款服务，以其取得的全部价款和价外费用，扣除支付给公益性机构捐款后的余额为销售额。

第二，境内单位和个人向中华人民共和国境外单位提供电信业服务，免征增值税。

第三，以积分兑换形式赠送的电信业服务，不征收增值税。

第四，在 2015 年 12 月 31 日以前，境内单位中的一般纳税人通过卫星提供的语音通话服务、电子数据和信息的传输服务，可以选择按照简易计税方法计算缴纳增值税。

比如，某电信集团某分公司系增值税一般纳税人。2014 年 6 月，提供基础电信服务，取得价税合计收入 1110 万元；提供增值电信服务，取得价税合计收入 530 万元。与此同时，该分公司当月还发生下列经济业务：

一是通过国家规定的手机短信公益特服号及公益性机构，接受捐款服务，取得价税合计收入 636 万元，其中支付给公益性机构的捐款为 530 万元；

二是向境外单位提供电信业服务，取得价税合计收入 300 万元；

三是以积分兑换的形式赠送电信业服务，给客户免费提供电信服务价税合计 400 万元；

四是通过卫星提供语音通话服务、电子数据和信息的传输服务，取得价税合计收入 515 万元。

已知该分公司当月认证的全部增值税专用发票进项税额为 150 万元，但按简易计税方法计税项目、非增值税应税劳务、免征增值税项目的进项税额无法准确划分。假定该分公司通过卫星提供的语音通话服务、电子数据和信息的传输服务，选择按简易计税方法计算缴纳增值税。那么，该分公司 2014 年 6 月应如何申报缴纳增值税？

依照相关文件规定，该分公司 2014 年 6 月应申报缴纳的增值税计算过程如下：

不得抵扣的进项税额 = 当期无法划分的全部进项税额 ×（当期简易计税方法计税项目销售额 + 非增值税应税劳务营业额 + 免征增值税项目销售额）÷（当期全部销售额 + 当期全部营业额）= 150 ×（515 ÷ 1.03 + 400 + 300）÷ [（1110 ÷ 1.11）+（530 + 636 − 530）÷ 1.06 + 300 + 400 +（515 ÷ 1.03）] ≈ 64.29（万元）；

销项税额 = 1110 ÷ 1.11 × 11% +（530 + 636 − 530）÷ 1.06 × 6% = 146（万元）；

一般计税方法应纳的增值税 = 146 −（150 − 64.29）= 60.29（万元）；

按简易办法计税应纳的增值税 = 515 ÷ 1.03 × 3% = 15（万元）；

当月合计应纳的增值税 = 60.29 + 15 = 75.29（万元）。

提供电信业服务有哪些项目可以在销售额中扣除？

中国移动通信集团公司、中国联合网络通信集团有限公司、中国电信集团公司及其成员单位通过手机短信公益特服号为公益性机构接受捐款服务，以其取得的全部价款和价外费用，扣除支付给公益性机构捐款后的余额为销售额。

在实际会计处理中，企业为其他机构接受捐款服务取得的价款和价外费用不做收入处理。但是按照106号文第三十三条规定，销售额，是指纳税人提供应税服务取得的全部价款和价外费用。因此，这部分价款和价外费用在税务上做销售额计算缴纳增值税，并按规定进行销售额扣除。

电信服务积分兑换商品如何处理？

一是以积分兑换形式赠送的电信业服务，不征收增值税。

二是以积分兑换形式赠送的货物。按照《增值税暂行条例实施细则》第四条规定，将自产、委托加工或者购进的货物无偿赠送其他单位或者个人，视同销售货物。因此，企业以积分兑换形式赠送的货物，暂视同销售货物，缴纳增值税。

三是以积分兑换形式赠送的除电信服务以外的应税服务。按照《营业税改征增值税试点实施办法》第十一条规定，向其他单位或者个人无偿提供交通运输业、邮政业和部分现代服务业服务，但以公益活动为目的或者以社会公众为对象的除外，视同提供应税服务。因此，企业以积分兑换形式赠送的除电信服务以外的应税服务，暂视同提供应税服务，缴纳增值税，相应取得的进项税额按规定进行抵扣。

四是以积分兑换形式赠送的营业税劳务。现行营业税应税劳务涉及无偿赠送视同销售的仅限于不动产，其他营业税应税劳务无须按视同销售处理。因此，企业以积分兑换形式赠送的营业税劳务暂不缴纳营业税。

提供套餐服务、融合服务时，如何计算缴纳增值税并开具发票？

《财政部、国家税务总局关于将电信业纳入营业税改征增值税试点的通知》（财税〔2014〕43 号）、《国家税务总局关于发布〈电信企业增值税征收管理暂行办法〉的公告》（国家税务总局公告 2014 年第 26 号）两个文件明确了电信业营改增后的纳税处理问题。那么，电信业营改增后，提供套餐服务、融合服务时，如何计算缴纳增值税并开具发票呢？

纳税人提供电信业服务时，附带赠送用户识别卡、电信终端等货物或者电信业服务的，应将其取得的全部价款和价外费用进行分别核算，按各自适用的税率计算缴纳增值税。

电信企业提供电信业服务附赠电信终端，取得的全部价款和价外费用中，暂按不低于电信终端的成本价作为货物价格，剩余部分按照公允价值拆分为基础电信价格和增值电信价格，按各自适用的税率计算缴纳增值税。

如果购买方为需要开具增值税专用发票的增值税一般纳税人，暂在入网当期就电信终端价格开具增值税专用发票，剩余电信服务预收部分款项开具收据，实际业务发生时开具增值税专用发票。如果购买方为除上述纳税人以外的企业或者个人，暂在入网当期按照电信终端及电信服务的各自增值税应税销售额开具普通发票，实际按期分摊时分摊部分不再开具发票。

对于试点以前发生的存量套餐业务，在试点以后分期结转的电信服务收入，暂不予扣除试点以前已交付用户的电信终端等货物价格，全额按照公允价值拆分为基础电信价格和增值电信价格，按各自适用的税率计算缴纳增值税。相应增值税应税服务收入可按规定开具增值税专用发票。

下面，我们通过案例来说明。

用户于自有营业厅购买一台 iPhone5 的"预存话费送手机"合约计划，用户在网 24 个月，选择 286 元套餐，预存总计 5899 元，其中话费 4000 元分月返还，购机款 1899 元，即以优惠价格 1899 元购得原价为 5288 元的 iPhone5 一部，该手机成本为 4960 元，假设用户协议期内无溢出通话部分，每月另外收取电信营业款 119.33 元。

第一，原营业税下的账务处理。

一是会计处理。

入网当期——

借：银行存款　　　　　　　　　　　　　　　　　　　5899

　　贷：预收账款　　　　　　　　　　　　　　　　　　4000

　　　　其他业务收入　　　　　　　　　　　　　　　　1899

借：其他业务成本　　　　　　　　　　　　　　　　　　4960

　　贷：库存材料　　　　　　　　　　　　　　　　　　4960

借：营业税金及附加　　　　　　　　　　　　　　　　　56.97

　　贷：银行存款　　　　　　　　　　　　　　　　　　56.97

合约期内每期——

借：预收账款　　　　　　　　　　　　　　　　　　　166.67

　　营业款　　　　　　　　　　　　　　　　　　　　119.33

　　贷：主营业务收入　　　　　　　　　　　　　　　　286

借：营业税金及附加　　　　　　　　　　　　　　　　　8.58

　　贷：银行存款　　　　　　　　　　　　　　　　　　8.58

二是税务处理。

入网当期——

营业税：$1899 \times 3\% = 56.97$（元）。

合约期内每期——

营业税：$286 \times 3\% = 8.58$（元）。

项目总税额——

$56.97 + 8.58 \times 24 = 262.89$（元）。

三是开票处理。

入网当期——

开具普通发票（账单）5899 元。

合约期内每期——

开具普通发票（账单）119.33 元。

共开具普通发票（账单）8762.92 元。

第二，现增值税下的账务处理。

假设该套餐每月话费使用时，基础电信服务占30%，增值电信服务占70%。入网当期手机暂按成本全额计销售额计税，合约期内每期暂按公允价值分摊电信服务收入。（有关会计处理方法系便于理解相关税收政策，不代表企业实务操作）

一是会计处理。

购入手机当期——

借：库存材料   4239.32

  应交税费——应交增值税（进项税额） 720.68

 贷：银行存款   4960

入网当期——

借：银行存款   5899

 贷：预收账款   939

  其他业务收入   4239.32

  应交税费——应交增值税（销项税额） 720.68

借：其他业务成本   4239.32

 贷：库存材料   4239.32

合约期内每期——

借：预收账款   39.13

 营业款   119.33

 贷：主营业务收入   147.47

  应交税费——应交增值税（销项税额） 10.99

二是税务处理。

购入手机当期——

进项税额 = 4960 ÷ （1 + 17%） × 17% = 720.68（元）。

入网当期——

销项税额 = 4960 ÷ （1 + 17%） × 17% = 720.68（元）。

合约期内每期——

基础电信销项税额 = （39.13 + 119.33）×30% ÷（1 + 11%）×11% = 4.71（元）。

增值电信销项税额 = （39.13 + 119.33）×70% ÷（1 + 6%）×6% = 6.28（元）。

销项税额 = 4.71 + 6.28 = 10.99（元）

项目总税额——

10.99 × 24 = 263.76（元），未减其他进项。

三是开票处理（符合开具增值税专用发票条件）。

入网当期——

开具税率为17%的增值税专用发票，价税合计4960元；开具收据（不可入成本账）939元。

合约期内每期——

开具税率为11%的增值税专用发票，价税合计47.54元；开具税率为6%的增值税专用发票，价税合计110.92元。

共开具增值税专用发票价税合计8763.04元。

第十一章 文化创意行业营改增实务操作

文化创意行业营改增需要关注如下一些问题：营改增对文化创意企业有哪些影响？文化创意企业如何应对营改增？供应商能否提供增值税专用发票？要求供应商提供增值税专用发票的通知怎样写？文化创意企业如何充分利用税收优惠政策？为此，本章专门回答这些问题。

营改增对文化创意企业有哪些影响？

文化创意产业或者说文化创意行业，就是个人或者团队通过对创造力的开发，创造出对市场有潜在价值的可商业运作的软实力，包括设计服务、商标著作权转让服务、知识产权服务、广告服务和会议展览服务。

设计服务，是指把计划、规划、设想通过视觉、文字等形式传递出来的业务活动，包括工业设计、造型设计、服装设计、环境设计、平面设计、包装设计、动漫设计、展示设计、网站设计、机械设计、工程设计、创意策划等。

商标著作权转让服务，是指转让商标、商誉和著作权的业务活动。

知识产权服务，是指处理知识产权事务的业务活动。包括对专利、商标、著作权、软件、集成电路布图设计的代理、登记、鉴定、评估、认证、咨询、检索服务。

广告服务，是指利用图书、报纸、杂志、广播、电视、电影、幻灯、路牌、招贴、橱窗、霓虹灯、灯箱、互联网等各种形式为客户的商品、经营服务项目、文体节目或者通告、声明等委托事项进行宣传和提供相关服务的业务活动，包括广告的策划、设计、制作、发布、播映、宣传、展示等。

会议展览服务，是指为商品流通、促销、展示、经贸洽谈、民间交流、企业沟通、国际往来等举办的各类展览和会议的业务活动。

2013 年 8 月 1 日，在全国范围内对交通运输业与部分现代服务业开展营改增工作，其中上述文化创意企业隶属于现代服务业而被列入营改增范围内。这里探讨营改增对文化创意企业的影响。

1. 对文化创意企业财务管理的影响

第一，增值税专用发票难以取得，抵扣链条断裂。

文化创意服务一般具有流动性大、材料品种多等特点，因此文化创意企业面临着复杂的社会环境和市场环境。由于营改增仅在部分地区的部分行业开展，一些企业从外部购入的货物和劳务是无法进行抵扣的，同时，一部分供应商可能无法出具合规的发票，这使得企业难以从上游取得增值税专用发票，从而无法享受增值税抵扣政策优惠。因此，在营改增初期，会出现抵扣不完全的现象，部分企业税负在短期内不减反增。

第二，人工成本较高的企业税负不减反增。

由于文化创意企业涉及业务范围广，成本结构、发展时期、经营策略等方面存在差异，在营改增的初期，企业税收负变化不尽相同，部分文化创意企业税负不减反增。对于从事广告设计、会议展览、网站设计等业务的企业，硬件投入少，往往都是通过投入大量人力、脑力进行创意设计等服务，营改增后，由于人工成本无法抵扣，反而会造成企业税负的增加。比如，广告创意公司主要成本构成中固定成本和人工成本比较高，如人员工资、房屋租金、通信费用等成本不能产生进项税，仅有办公用品、电脑设备、水电费等费用可以抵扣，其成本可抵扣的项目比重过低，在中心商务区租用办公室，租金很高，但这属于营业税范畴，企业所承担的税收负担并没有减少。

第三，跨省经营的企业难以汇总纳税。

营改增后，部分跨省经营的文化创意企业希望将分支机构的税款进行汇总，从而得以享受试点地区相关增值税抵扣政策优惠，然而，企业总机构与分支机构的营业税和增值税都由属地征收，分支机构需要经国家税务总局或其授权的税务机关批准才可以进行汇总纳税。根据《增值税暂行条例》规定，企业取得的增值税发票进项税额只能在企业法人机构所在地进行抵扣，因此，企业取得的增值税发票名称必须与企业法人机构全称一致。跨地区经营汇总纳税企业预缴申报时，部分企业填报的纳税人识别号、纳税人名称不规范，主要问题是纳税人识别码过短或过长和纳税人名称不完整等。各地的增值税清算工作量大，难度相当之大，很少有企业能够获准汇总纳税。

2. 对文化创意企业竞争战略的影响

第一，试点地区文化创意企业获得业务更为容易。

根据现行规定，试点地区以外的增值税纳税人向试点企业采购服务，可以抵扣进项税，而如果该企业向非试点企业采购，则无法抵扣进项税。试点地区文化创意企业因而可以获得更多业务订单，并且非试点地区企业会将大量服务业务置于试点地区，甚至于将企业迁转到试点地区，从而通过内部关联方交易享受增值税抵扣的优惠，促进了试点地区文化创意产业的发展。

第二，推动文化创意产业国际化发展。

按照原有营业税征收制度，服务贸易出口在我国要征收营业税，在进口国还需按照当地税收政策缴纳相应税金，限制了我国文化创意产业走出国门的步伐。营改增之后，税务机关对国际运输服务、向境外单位提供的研发服务和设计服务，适用增值税零税率实行免抵退税办法，即对提供服务的销售收入免征增值税，允许企业抵减提供服务对应的外购业务所含的增值税额，未抵减完的部分予以退税，这大大促进了文化创意企业发展境外业务。

文化创意企业如何应对营改增？

我国文化创意产业尚处于初步发展阶段，需要面对国内外众多的挑战，税收政策无疑是推动我国文化创意产业快速发展的一项重要手段。那么，文化创意企业如何应对营改增？

1. 认真研究相关政策文件，积极争取相关政策优惠

文化创意企业应密切关注相关政策动态，主动核对自身信息，最大限度地享受相关政策优惠。营改增之后，文化创意企业税负的变化不但取决于企业自身发展阶段、市场环境等，还取决于是否享受到相关的税收优惠等一系列配套措施。

目前，针对改革初期可能出现部分企业税负增加的情况，出台了过渡性财政扶持政策。企业在认真学习相关税法知识的同时，还要积极主动地与财税部门联系，争取享受配套的政策优惠。

2. 关注的主要纳税风险

企业需要加强会计人员管理，努力培养复合型会计人才，提升会计工作人员的专业素质和业务水平，这是适应改革的必由之路；同时调整企业内部会计核算管理制度，提高会计工作效率和质量，关注营改增引起的新的纳税风险，尤其是以下几个方面：

一是一般纳税人认定标准发证变化。部分企业符合一般纳税人条件，应及时认真研究营改增政策，根据纳税申报的相关规定，积极主动办理一般纳税人资格认定手续。抓住由小规模纳税人转变为一般纳税人这一契机，调整企业运转模式，规范业务流程，把企业做大做强，提升企业综合竞争力。

二是取得合规合法的进项抵扣发票。进项税额的取得至为关键，企业在选择供应商和服务商时应尽量选择财务核算健全、能够开具增值税专用发票的，从而获得充足的可抵扣进项税额，使税负降低。

三是加强增值税专用发票管理。任何单位都不可虚开、伪造增值税专用发票。企业如果是小规模纳税人，提供应税服务时，若对方索取增值税专用发票，应向主管税务机关申请代开。

3. 立足当下经营环境，把握未来发展趋势

全面评估本次营改增税制改革随企业造成的影响，及时开展应对策略，文化创意企业要积极应对营改增政策的施行，制定周密细致的业务流程预算，加强包括材料物资的采购使用在内的各项管理，调整企业的产业结构，逐步降低人工成本，梳理上下游产业链，重视增值税的筹划与核算。要把营改增视作企业发展的一个契机，改变经营理念，改革创新，促使企业加强内部控制，提升管理水平。

总之，文化创意企业应把握时机，积极改善经营战略，向规范化、规模化、国际化方向发展。

供应商能否提供增值税专用发票？要求供应商提供增值税专用发票的通知怎样写？

营改增之后成为增值税一般纳税人的文化创意企业，其增值税进项税额可以从销项税额中抵扣，因此对企业来说，购进时取得增值税专用发票非常重要。企业在考虑供应商时除了要考虑商品的价格，还要考虑供应商是否能提供增值税专用发票。如果供应商是小规模纳税人，为了增加竞争力，可能会考虑降低商品或服务的价格，以此提供销售。所以，文化创意企业在选择供应商时可以进行税务筹划，比较一般纳税人供应商的价格和小规模纳税人供应商的价格，同时将可抵扣项目考虑进去，计算税负平衡点，以此选择供应商。

写要求供应商提供增值税专用发票的通知要注意以下几点：第一，应该是可以采购销货清单，销货清单格式一般是有"购货单位名称""销货单位名称""所属增值税专用发票代码""发票号码"，清单中品名、单位、单价等信息照实写就好，这些供应商一般都会处理。第二，增值税票上开具的品名与海关手册上的不同，但可以解释得过去是没问题的，但最好一致。第三，

同一品名不同单价可以用平均单价来开具，总额一样就好。第四，上月开票本月退回，贵司未认证，写明退回原因，直接退回重开就好。第五，发票退回，税不会有损失，180 天内可以红冲，所以对方直接开红字发票，注意做账的时候把上月此张发票借贷反一下做到本月即可，申报的时候发票资料显示的是红冲过的数据。

文化创意企业如何充分利用税收优惠政策？

企业税务筹划最有效、最合理的方法就是充分利用税收优惠政策。那么，文化创意企业的税收优惠政策有哪些？

国务院发布的《关于推进文化创意和设计服务与相关产业融合发展的若干意见》（国发〔2014〕10 号）中规定，对纳入增值税征收范围的文化服务出口实行增值税零税率或免税。

财政部、海关总署、国家税务总局联合发布的《关于继续实施支持文化企业发展若干税收政策的通知》（财税〔2014〕85 号）中规定：除另有规定外，自 2014 年 1 月 1 日至 2018 年 12 月 31 日，新闻出版广电行政主管部门（包括中央、省、地市及县级）按照各自职能权限批准从事电影制片、发行、放映的电影集团公司（含成员企业）、电影制片厂及其他电影企业取得的销售电影拷贝（含数字拷贝）收入、转让电影版权（包括转让和许可使用）收入、电影发行收入以及在农村取得的电影放映收入免征增值税。一般纳税人提供的城市电影放映服务，可以按现行政策规定，选择按照简易计税办法计算缴纳增值税。

此外，自 2013 年 8 月 1 日起，对增值税小规模纳税人中月销售额不超过 2 万元的企业或非企业性单位，暂免征收增值税。

第十二章　房地产行业营改增实务操作

营改增无论是政策实施时间、政策细节内容，还是市场环境，都具有极强的不可控性。因此，企业不要仅仅停留在等待政策、分析政策、分析影响的层面上，更要实实在在地着手去准备。即使政策还没有出台，也可以从"各环节的业务运营该如何有效应对"着手。为此，本章重点阐述了房企备战营改增最重要的四个方面，即利润测算、对采购招标与成本控制、会计核算和IT（互联网技术）系统的调整。此外还介绍了一些财税处理方法，以及营改增后房地产、建筑企业不能抵扣进项税金的12种发票等问题。

房企备战营改增最重要的四个方面是什么？

营改增对房企的影响，可以归纳为以下四类：一是对利润测算模型的影响；二是对采购招标与成本控制的影响；三是对会计核算的影响；四是对IT系统的影响。从这四个方面来备战，可以有备无患。

1. 利润测算，把税剥离后再算

无论是前期的投资测算、成功标尺设定，还是开发过程中的利润监控，为保准确，应基于不含税的收入与成本进行利润测算。

不含税的收入好计算，公式为：不含税收入 = 含税收入 ÷（1 + 税率），但不含税的成本编制难度较大，难在哪儿？其一是进项税税率的多样性；其二是在前期目标成本测算阶段，对后续合作对象纳税人资格的不确定性。

如何编制一个相对准确的不含税的成本？需要企业的成本、采购与财务共同努力。一种做法是按照成本科目进行测算，根据成本科目的类别进行进项税率的设置并测算不含税成本，成本科目的颗粒度可以根据企业自身的管理情况而定。另一种做法是基于合约规划进行测算，根据合同类别与预期合作对象的纳税人资格进行进项税率的设置并测算不含税成本。更细节的，还需要考虑混业销售的情况，即一个合同同时销售货物与增值税应税劳务的情况（比如门窗、幕墙，提供材料设备并带安装），由于货物与劳务增值税税率不同，应分别核算，则测算的难度更大。

如果企业已有相对成熟的合约体系，建议最好是基于合约进行测算。

另外，还需要考虑到一些不确定性政策因素，比如，用于配套设施建造的那部分成本所对应的进项税是否可抵扣，如果不可抵扣，则成本必然增高，并且测算的复杂度也更高。

2. 采购招标与成本控制注重全过程，建筑成本要未雨绸缪

第一，全过程的进项税管控。

增值税税负的大小很大程度上是由进项税额的多少决定的，因此，对进项税额的管控就显得非常重要了，总体的管理思路应该是：在前期目标设定时要有规划、在评定标时要有权衡、在签合同时要有约定、在付款收发票时要遵照合同（税率要相符，如果涉及混业销售行为下多种不同税率的情况，则不同税率发票开具的额度要与合同相符，否则有虚开增值税发票的嫌疑，是犯罪），也就要求成本、采招与财务人员都要有这个管理意识，否则任何一个环节的失控都将导致成本的增加。

第二，评定标与成本控制将会要求更细节。

考虑到可抵扣进项税的因素，评定标环节也将会更细化。同样 100 万元的总价，选择一般纳税人与小规模纳税人（税局代开专用发票或提供普通发票），对利润的影响是不同的。如表 12 - 1 所示。

表 12 – 1　　　　　　　一般纳税人与小规模纳税人对利润的不同影响

单位：万元

供应商类别		一般纳税人	小规模纳税人	
		增值税专用发票	税局代开发票	增值税普通发票
		11%	3%	
销售收入	a	120.00	120.00	120.00
销项税额	b = a * 11%	13.20	13.20	13.20
购入材料含税价	c	100.00	100.00	100.00
进货成本	d = c/（1 + 税率）	90.09	97.09	100.00
进项税额	e = d * 税率	9.91	2.91	
应交增值税	f = b - e	3.29	10.29	13.20
增值税税负	g = f/a * 100%	2.74%	8.57%	11.00%
毛利润	h = a - d	29.91	22.91	20.00

说明：表中的"*"代表乘号×；表中的"/"代表除号÷；a、b、c、d、e、f、g、h分别代表所在事项。

　　同样地，在成本控制的维度上，营业税体制下只需要按科目目标成本或合约规划金额进行总额控制，增值税体制下仅仅控总额是不够的，总额不超并不意味着成本不超，还要看进项税额的多少。

　　举例来说，规划中，合同总额为100万元，作为乙方纳税人，一般纳税人的税率11%，那么金额为90.09万元，进项税额为9.91万元。实际中，同样合同总额为100万元，作为乙方纳税人，小规模纳税人的税率3%，那么金额为97.09万元，进项税额为2.91万元。

　　这个时候严格来说就是成本超支了，应该不允许这份合同签订，除非再申请额外的预算。企业需要明确的是，在这种情况下到底是否要强控？需要结合管控要求与当前的管理水平而定，因为，在初期经验还不够丰富的情况之下，前期规划的进项税额的准确度是不高的，如果严控，有可能导致流程效率低下。比较可行的方法是控总额，并控制合作方的纳税人资格，原则上只选择与一般纳税人合作，这将要求房地产企业对自身合作单位进行升级换代。这个升级换代影响的大小，需要房地产企业对现有合作单位进行整体梳理，按类别与纳税人资格进行分类分析，该洽谈的洽谈，该替换的替换。

第三，做好建筑成本可能增加的应对措施。

建筑业将同时营改增，销项税率比较大的可能性是11%，而由于建筑企业上游供应商有大量的小额纳税人，并且建筑成本中人工成本占有20%左右的比例，这些因素决定了建筑企业可获取的可抵扣进项税额要远远低于其销项税额，这必将导致建筑成本的增加，而建筑企业为保障利润，对于增加的这部分成本很可能会转嫁给房地产企业，从而导致房地产企业的成本上升。而在市场环境没有明显利好的情况之下，房地产企业又难以通过提高售价将这部分成本转嫁给购房者，只能自己扛，这就必然导致自身利润受损。面对这个问题，房地产企业应适时启动与主要合作单位的协商，包括总包、装修、园建等，双方基于政策影响、市场环境与长期合作的角度，应该还是可以协商出一个双赢合作模式的。

3. 会计核算，制定新的规则，与前端互动

营改增后会计核算的科目、辅助核算与凭证制作的规则会发生较大变化，会计人员必须要掌握新的规则才能够保障核算准确。

例：付某单位工程款100万元，同时收到发票100万元，票款无差额。

在原营业税制下，凭证规则为：

借方：科目名称为开发成本或建安工程费，辅助核算为项目本身，发票金额为100万元。

贷方：科目名称为银行存款，辅助核算为银行账户，实付金额为100万元。

这就是说，在原营业税制下，发票金额全额进入开发成本。

而在增值税制下，凭证规则为：

借方：科目名称为开发成本或建安工程费，辅助核算为项目本身，不含

税为 900900 元。

科目名称为开应交税费或应交增值税或进项税额，辅助核算为供应商、项目本身、税率 11%，进项税额为 99100 元。

贷方：科目名称为银行存款，辅助核算为银行账户，实付金额为 100 万元。

这就是说，在增值税制下，不含税金额进入开发成本，税额进入进项税科目，并且增加了税率辅助核算，以方便查询与分析。

从上例可见凭证分录、借方金额以及辅助核算都发生了变化，而这仅只是一种业务场景而已，在很多项目实践中与成本付款相关的约有一半的业务场景及其对应的凭证，企业需要提前准备的就是对可能存在的各种业务场景，按照新的规则进行凭证规则的设置，包括成本核算、固定资产核算、收入核算等，以作为会计人员做账的依据，保障核算准确。

另外，还有一点需要注意的是，会计核算与前端业务是相互影响的，会计核算虽然是后端，但有时候却有硬性规则的要求，因此不可避免地会由于会计核算的需要而对前端业务提出一些细节的要求。特别是当企业会计核算的工作已经借助 IT 系统实现自动化的情况之下，为了保障这个新规则的自动化，则必须要求前端付款环节就进行价税分离并且记录下税率信息，这一点就涉及对 IT 系统的相应优化，下面会做详细分析。

4. IT 系统，随需而变，成为业务部门真正的好伙伴

IT 是为业务服务的，当业务改变的时候，IT 也必然要求随需而变，并且尽可能提前准备，而不是等待政策实施之后才开始行动。否则，当新政策开始实施的时候企业会突然发现 IT 系统不好用了、无法满足需要了，那真是 IT 之痛。无论是企业的 IT 部门还是业务部门，都应该为此事未雨绸缪、提前准备，而不是等待观望、束手无策。

正如营改增对房地产企业业务运营的影响是全面的，同样，营改增也将全面影响房地产企业的 IT 系统。如下从价税分离、进项税管控与增值税纳税管理三个维度进行分析。

第一，IT系统要能够满足"价税分离"的要求。

会计核算、收款与付款模块都需要进行价税分离，以及业务模块与财务模块之间的接口规则也需要针对性调整，仅此一点就涉及财务系统、销售系统、成本系统、费用系统，这些都是企业应用最为普遍的系统，因此也可以视为"刚需"。

对于少数信息化比较全面深入的企业，会通过IT系统进行利润测算与过程管控，而营改增后利润测算需要按照不含税的口径，这就要求用不含税的目标成本、动态成本、目标货值、动态货值，这就会涉及项目利润管理系统与全面预算管理系统的相关优化。

另外，还有大量报表需要按含税与不含税两个口径分别进行统计，企业需要对现有的报表体系进行梳理，以识别需要进行价税分离的报表。

第二，IT系统要能够支撑"全过程的进项税管控"的要求。

基于上面所述的全过程的进项税管控的总体思路——在前期目标设定时要有规划、在评定标时要有权衡、在签合同时要有约定、在付款收发票时要遵照合同，IT系统必须要在这些模块体现对进项税的管理要求。

第三，IT系统要能够"为增值税纳税管理工作减负"。

增值税纳税管理工作相比之前营业税体制下要精细、复杂得多，工作量会成倍增加，因此需要专为企业的税务管理部门提供相应的IT支撑，以帮助企业的税务管理部门提高工作效率。具体应包括以下三项：

一是增值税发票管理，包括销项与进项，需要与业务系统无缝衔接，其中进项发票可以考虑电子扫描方式录入，避免重复工作与手工工作。

二是进项发票认证、进项税抵扣与转出，其中发票认证的最优方案是直接对接金税系统的认证结果，次优方案是手工批量导入认证结果，避免手工单笔录入。

三是应纳增值税测算与平衡、纳税申报，其中测算与平衡主要是基于现金流的考虑。

营改增后房地产开发企业财税处理有哪些变化?

自 2016 年 5 月 1 日起,在全国范围内全面推开营改增试点,建筑业、房地产业、金融业、生活服务业等全部营业税纳税人,纳入试点范围,由缴纳营业税改为缴纳增值税。

房地产开发企业是我国国民经济的命脉,也是中国老百姓极为敏感的行业,实施营改增之后,房地产开发企业相关的财税处理有何变化呢?下面将为大家一一介绍。

1. 会计处理的变化

营改增之前,房地产开发企业按照"销售不动产"税目征收营业税,税率为5%。

假设企业销售商品房取得销售收入1000万元,城市维护建设税、教育费附加、地方教育附加的税率分别为7%、3%、2%。则企业相关的会计处理如下:

借:银行存款	10000000
贷:主营业务收入	10000000
借:营业税金及附加	500000
贷:应交税费——应交营业税	500000
借:营业税金及附加	60000
贷:应交税费——应交城市维护建设税	35000
应交税费——应交教育费附加	15000
应交税费——应交地方教育附加	10000

营改增后,房地产开发企业适用11%的增值税税率。同样的条件,相关的会计处理如下:

借:银行存款	10000000

贷：主营业务收入　　　　　　　　　　　　　　　　9009000

应交税费——应交增值税（销项税额）　　　　991000

不考虑当月增值税进项税额的情况下：

借：营业税金及附加　　　　　　　　　　　　　　118900

贷：应交税费——应交城市维护建设税　　　　69400

应交税费——应交教育费附加　　　　　　29700

应交税费——应交地方教育附加　　　　　19800

2. 会计利润的变化

仍引用上述的例子，通过分录可以看出，由于增值税属于价外税，不影响会计利润，因此缴纳增值税下，企业确认收入 900.90 万元，而缴纳营业税情况下，企业确认收入 1000 万元，销售收入下降 9.91%。

假定不考虑营业成本，则缴纳营业税情况下：

对利润总额的影响 = 1000 - 50 - 6 = 944（万元）

缴纳增值税的情况下：

对利润总额的影响 = 900.90 - 11.89 = 889.01（万元）

由此可见，在不考虑营业成本的情况下，营改增后，企业的会计利润有所下降。而如果考虑营业成本这一因素，则在采购环节的进项税额能否抵扣变得尤为重要。如果在采购环节企业无法取得增值税专用发票，则相关的进项税额不得抵扣，相应的税金则计入房地产开发成本，税金会进一步增加购入成本，从而进一步减少会计利润。而如果在采购环节能够取得增值税专用发票，进项税额可以抵扣的话，则企业的房地产开发成本则为不含税价款，而原缴纳营业税时，采购环节的购买价款中已经包含了施工方的营业税额，因此，营改增会导致房地产开发企业的采购成本降低，相应的利润总额会有可能高于原缴纳营业税的情况。企业的可抵扣成本比例越高，毛利率的提高幅度也会越大。

3. 税负变化

营改增之前，房地产开发企业涉及的税种主要有营业税、房产税、土地增值税、契税、城镇土地使用税、企业所得税、印花税、城市维护建设税、教育费附加、地方教育附加等，其中营业税、土地增值税、企业所得税是房企的三大税种，房地产开发企业的收费项目有几十种。营改增后，税种由营业税改为增值税，其他税种不变，税率由原来的营业税 5% 改为增值税 11%，单从税率方面看，税率有较大提高，但是由于增值税存在抵扣链条，只对增值额征税，而营业税是对全部营业额征税，所以从理论上讲，最终会降低整体税负。不过，如果房地产开发企业无法取得足够的增值税专用发票的话，则可能会导致企业整体的税负增加。因此，能否取得增值税专用发票以及今后的土地出让金能否纳入增值税抵扣范围将是企业税负增减的重要因素。

4. 发票管理的变化

原营业税税制下，营业税发票仅作为购入方相关资产或费用的确认依据，而不作为抵扣凭证。在增值税税制下，增值税发票的管理尤为重要，由于一方开具增值税专用发票，会涉及下游企业的抵扣，增值税形成整个行业完整的闭环链条，因此销项发票的领购、开具、保管、作废，进项发票的取得、认证、抵扣等都显得尤为重要。企业在营改增后，应更加重视发票的管理，同时在选择供应商时，应注意选择增值税一般纳税人，以便相应的进项税额可以抵扣，减少企业的应纳税额。

营改增是我国税制改革的重要举措，关乎国计民生，因此企业应积极响应国家政策，做好万全准备，相信营改增定会给企业带来福音。

营改增后，房地产企业销售自行开发房地产项目的财税如何处理？

《营业税改征增值税试点实施办法》（财税〔2016〕36 号，以下简称《实施办法》）中关于增值税预缴、清算等营改增政策与现行增值税处理变化较大，那么房地产企业销售自行开发房地产项目如何进行财税处理呢？本文通过案例给出答案。首先要说明的是，会计核算相关规定尚未下发，本文相关会计核算参考了增值会计核算原理及原增值税会计处理相关规定，以供学习交流。营改增相关会计核算规定下发后应以规定为准。

先来看案例。巢湖市某房地产开发企业通过竞拍取得巢湖市地块10000平方米的土地使用权，用于开发"湖畔花园"商住楼，支付土地出让金1800万元，规划总可售建筑面积20000平方米。企业采取预收款方式销售所开发的房地产项目，2016年5月1日前取得预收款1000万元。2016年5月取得预收款444万元（含税），当期签约房产销售合同建筑面积2000平方米，收款进度为50%。

1. 营改增前的营业税处理

《中华人民共和国营业税暂行条例实施细则》第二十五条："纳税人转让土地使用权或者销售不动产，采取预收款方式的，其纳税义务发生时间为收到预收款的当天。"

2016年5月1日前取得预收款1000万元，应纳营业税为$1000 \times 5\% = 50$（万元）。

会计处理为：

借：应交税费——应交营业税　　　　　　　　　　　　500000

　　贷：银行存款　　　　　　　　　　　　　　　　　500000

第一，采取预收款方式的不发生增值税纳税义务。

《实施办法》第四十五条："增值税纳税义务、扣缴义务发生时间为：（二）纳税人提供建筑服务、租赁服务采取预收款方式的，其纳税义务发生时间为收到预收款的当天。"

采取预收款方式发生纳税义务的情况中并不包括不动产销售，因此采取预收款方式的不发生增值税纳税义务。这和营业税的规定明显不同。

2016 年 5 月取得预收款会计处理为：

借：银行存款 4440000

　　贷：预收账款 4440000

第二，采取预收款方式的发生增值税预缴义务。

《房地产开发企业销售自行开发的房地产项目增值税征收管理暂行办法》（国家税务总局公告 2016 年第 18 号）第十条："一般纳税人采取预收款方式销售自行开发的房地产项目，应在收到预收款时按照 3% 的预征率预缴增值税。"第十一条："应预缴税款按照以下公式计算：应预缴税款 ＝ 预收款 ÷（1 ＋ 适用税率或征收率）×3%。适用一般计税方法计税的，按照 11% 的适用税率计算；适用简易计税方法计税的，按照 5% 的征收率计算。"

由于开发企业多采取预收款方式销售开发产品，开发期长、投入大。从而，开发前期没有销售，也就销项税额，而进项税额累计较多；后期销售时，由于投入少，进项税抵扣少，而销项税额较多。因此很可能会出现"三年不开张，开张吃三年"的入库不均衡的情况。因此，采取预收款方式销售开发产品发生增值税预缴义务的相关规定是税款均衡入库的考虑，同时纳税人也有必要的纳税资金。但与营改增前纳税人收到预收款发生纳税义务时按 5% 缴纳营业税相比，对开发企业的资金压力还是大幅降低。

第一种情况，如果该企业为一般纳税人，老项目选择适用简易计税方法如下：

该企业应预缴增值税为：444 ÷（1 ＋ 5%）×3% ＝ 12.69（万元）。

会计处理为：

借：应交税费——预交增值税 126900

　　贷：银行存款 126900

第二种情况，如果该企业为一般纳税人，老项目选择适用一般计税方法如下：

该企业应预缴增值税为：444 ÷（1 ＋ 11%）×3% ＝ 12（万元）。

借：应交税费——预交增值税 120000

贷：银行存款　　　　　　　　　　　　　　　　　　　120000

第三种情况，如果该企业为小规模纳税人，则采用简易计税方法。

《实施办法》第十九条："小规模纳税人发生应税行为适用简易计税方法计税。"第三条："应税行为的年应征增值税销售额（以下称应税销售额）超过财政部和国家税务总局规定标准（500万元含本数）的纳税人为一般纳税人，未超过规定标准的纳税人为小规模纳税人。"

按照规定小规模纳税人预缴增值税财税处理和一般纳税人选择老项目适用简易计税方法相同。

需要注意的是，一般纳税人销售自行开发的房地产项目，采取预收款方式的发生增值税预缴义务与纳税义务不是同时发生，时间间隔可能较长，不能直接抵减增值税应纳税额，而应在以后增值税纳税义务发生时再抵减，这与其他增值税预缴相关规定是不同的。因此在会计处理时，不宜直接通过"应交税费——应交增值税（已交税金）"科目核算。

第三，采取预收款方式，提前开票需纳税。

《实施办法》第四十五条："增值税纳税义务、扣缴义务发生时间为：（一）纳税人发生应税行为并收讫销售款项或者取得索取销售款项凭据的当天。先开具发票的，为开具发票的当天。"

假定该纳税人将预收款提前开票，那么，第一种情况，如果该企业为一般纳税人，老项目可选择适用简易计税方法。国家税务总局公告2016年第18号第八条一般纳税人销售自行开发的房地产老项目，可以选择适用简易计税方法按照5%的征收率计税。一经选择简易计税方法计税的，36个月内不得变更为一般计税方法计税。第九条一般纳税人销售自行开发的房地产老项目适用简易计税方法计税的，以取得的全部价款和价外费用为销售额，不得扣除对应的土地价款。

该企业应缴增值税为：444÷（1+5%）×5%=21.14（万元）。

借：银行存款　　　　　　　　　　　　　　　　　　4440000

贷：预收账款　　　　　　　　　　　　　　　　　　4228600

　　　　应交税费——未交增值税 211400

由于简易计税方法和一般计税方法分别计算应纳税额，因此，会计处理方面，一般纳税人按征收率计算的增值税，计入"应交税费——未交增值税"，不通过"应交税费——应交增值税（销项税额）"核算。

第二种情况，如果该企业为一般纳税人，老项目选择适用一般计税方法如下。

该企业增值税销项税额为：$444 \div (1 + 11\%) \times 11\% = 44$（万元）。

借：银行存款 4440000

　贷：预收账款 4000000

　　　应交税费——应交增值税（销项税额） 440000

第三种情况，如果该企业为小规模纳税人，则采用简易计税方法。

《营业税改征增值税试点有关事项的规定》中规定："房地产开发企业中的小规模纳税人，销售自行开发的房地产项目，按照5%的征收率计税。小规模纳税人缴纳增值税增值税处理和一般纳税人选择老项目适用简易计税方法相同。"

会计处理为：

借：银行存款 4440000

　贷：预收账款 4228600

　　　应交税费——应交增值税 211400

如果采取预收款方式未提前开票，则在纳税义务发生时，按上述计算方法，将"预收账款"科目中的价税分离，结转为"主营业务收入"和"应交税费——应交增值税"等科目即可。

需要注意的是，由于前述税款均衡入库的考虑，按照相关规定，即便是采取预收款方式，提前开票发生了增值税纳税义务，也不能免除预缴增值税义务。

第四，向政府部门支付的土地价款可从销售额中扣除。

国家税务总局公告2016年第18号第四条："房地产开发企业中的一般纳

税人（以下简称一般纳税人）销售自行开发的房地产项目，适用一般计税方法计税，按照取得的全部价款和价外费用，扣除当期销售房地产项目对应的土地价款后的余额计算销售额。销售额的计算公式如下：销售额＝（全部价款和价外费用－当期允许扣除的土地价款）÷（1＋11%）。"第五条："当期允许扣除的土地价款按照以下公式计算：当期允许扣除的土地价款＝（当期销售房地产项目建筑面积÷房地产项目可供销售建筑面积）×支付的土地价款。"

如果该企业为一般纳税人，老项目选择适用一般计税方法，则支付的土地价款可从销售额中扣除（新项目一般纳税人同样如此）。

当开发企业采取预收款方式，提前开票时，由于并非全款开票，如何按当期销售房地产项目建筑面积计算当期允许扣除的土地价款呢？营改增试点前后均有预收款或者分期收款方式等情况同样存在这样的问题。其实这种情况下相当于按收款进度销售了部分房产。因此按预收款占签约房产销售合同总价款的比例来计算当期销售房地产项目建筑面积较为合理。

如果该企业为一般纳税人，老项目选择适用一般计税方法，由于采取预收款方式，提前开票而并非全款开票，则：

当期允许扣除的土地价款＝（2000×50%÷20000）×1800＝90（万元）。

销售额＝（444－90）÷（1＋11%）＝318.92（万元）。

会计处理为：

借：应交税费——应交增值税（营改增抵减的销项税额）　　　89200

　　贷：开发成本　　　　　　　　　　　　　　　　　　　　　89200

注：应交税费的计算方法为90÷（1＋11%）×11%＝8.92（万元）。

需要注意的是，并非所有的开发企业销售其开发的房地产项目支付的土地价款均可从销售额中扣除。按照规定，房地产开发企业中的一般纳税人销售其开发的房地产项目向政府部门支付的土地出让金可从销售额中扣除；而向其他单位或个人支付的土地转让价款则不能从销售额中扣除，而应当从销售方取得增值税专用发票，从而获得进项税额抵扣。房地产开发企业销售其开发的房地产项目选择简易计税方法的房地产老项目的一般纳税人和小规模纳税人也不能扣除对应的土地价款。

第五，纳税义务发生时，预缴税款可抵减。

假定该纳税人将预收款提前开票或者完工交付结转收入时。

第一种情况，如果该企业为一般纳税人，老项目选择适用简易计税方法。

国家税务总局公告 2016 年第 18 号第十五条："一般纳税人销售自行开发的房地产项目适用简易计税方法计税的，应按照《实施办法》第四十五条规定的纳税义务发生时间，以当期销售额和5％的征收率计算当期应纳税额，抵减已预缴税款后，向主管国税机关申报纳税。未抵减完的预缴税款可以结转下期继续抵减。"

借：应交税费——未交增值税　　　　　　　　　　126900

　　贷：应交税费——预交增值税　　　　　　　　　126900

第二种情况，如果该企业为一般纳税人，老项目选择适用一般计税方法。

国家税务总局公告 2016 年第 18 号第十四条："一般纳税人销售自行开发的房地产项目适用一般计税方法计税的，应按照《实施办法》第四十五条规定的纳税义务发生时间，以当期销售额和11％的适用税率计算当期应纳税额，抵减已预缴税款后，向主管国税机关申报纳税。未抵减完的预缴税款可以结转下期继续抵减。"

借：应交税费——应交增值税（已交税金）　　　　120000

　　贷：应交税费——预交增值税　　　　　　　　　120000

第三种情况，如果该企业为小规模纳税人。

国家税务总局公告 2016 年第 18 号第二十二条："小规模纳税人销售自行开发的房地产项目，应按照《实施办法》第四十五条规定的纳税义务发生时间，以当期销售额和5％的征收率计算当期应纳税额，抵减已预缴税款后，向主管国税机关申报纳税。未抵减完的预缴税款可以结转下期继续抵减。"

借：应交税费——应交增值税　　　　　　　　　　126900

贷：应交税费——预交增值税　　　　　　　　　　　　　　　　126900

2. 营改增后一般纳税人增值税进项税额准予抵扣

《实施办法》第二十五条明确，下列进项税额准予从销项税额中抵扣：（一）从销售方取得的增值税专用发票（含税控机动车销售统一发票，下同）上注明的增值税额。（二）从海关取得的海关进口增值税专用缴款书上注明的增值税额。（三）购进农产品，除取得增值税专用发票或者海关进口增值税专用缴款书外，按照农产品收购发票或者销售发票上注明的农产品买价和13%的扣除率计算的进项税额。购进农产品，按照《农产品增值税进项税额核定扣除试点实施办法》抵扣进项税额的除外。（四）从境外单位或者个人购进服务、无形资产或者不动产，自税务机关或者扣缴义务人取得的解缴税款的完税凭证上注明的增值税额。

但并非所有的进项税额都准予从销项税额中抵扣。《实施办法》第二十七条规定，下列项目的进项税额不得从销项税额中抵扣：（一）用于简易计税方法计税项目、免征增值税项目、集体福利或者个人消费的购进货物、加工修理修配劳务、服务、无形资产和不动产。其中涉及的固定资产、无形资产、不动产，仅指专用于上述项目的固定资产、无形资产（不包括其他权益性无形资产）、不动产。纳税人的交际应酬消费属于个人消费。（二）非正常损失的购进货物，以及相关的加工修理修配劳务和交通运输服务。（三）非正常损失的在产品、产成品所耗用的购进货物（不包括固定资产）、加工修理修配劳务和交通运输服务。（四）非正常损失的不动产，以及该不动产所耗用的购进货物、设计服务和建筑服务。（五）非正常损失的不动产在建工程所耗用的购进货物、设计服务和建筑服务。纳税人新建、改建、扩建、修缮、装饰不动产，均属于不动产在建工程。（六）购进的旅客运输服务、贷款服务、餐饮服务、居民日常服务和娱乐服务。（七）财政部和国家税务总局规定的其他情形。

《实施办法》第二十九条适用一般计税方法的纳税人，兼营简易计税方法计税项目、免征增值税项目而无法划分不得抵扣的进项税额，按照下列公式计算不得抵扣的进项税额：不得抵扣的进项税额 = 当期无法划分的全部进项税额×（当期简易计税方法计税项目销售额 + 免征增值税项目销售额）÷当期全部销售额。主管税务机关可以按照上述公式依据年度数据对不得抵扣的进项税额进行清算。

一般纳税人销售自行开发的房地产项目而无法划分不得抵扣的进项税额时，不得抵扣的进项税额划分不是按"销售额"为依据进行划分，而是按"建设规模"为依据进行划分的。国家税务总局公告 2016 年第 18 号第十三条："一般纳税人销售自行开发的房地产项目，兼有一般计税方法计税、简易计税方法计税、免征增值税的房地产项目而无法划分不得抵扣的进项税额的，应以《建筑工程施工许可证》注明的'建设规模'为依据进行划分。不得抵扣的进项税额 = 当期无法划分的全部进项税额×（简易计税、免税房地产项目建设规模÷房地产项目总建设规模）。"

需要注意的是，上述"建设规模"应当指的是增值税应税项目。从上述公式看，当应税房地产项目中含有无法划分是否可以抵扣的进项税额时，是以简易计税、免税房地产项目建设规模与按一般计税方法房地产项目建设规模占比为依据进行划分的。因此，在计算"建设规模"时应当将不可销售的公共配套的面积剔除。

比如，案例中开发企业为一般纳税人，兼营简易计税方法计税项目，当期公共配套建设取得增值税专用发票上注明的增值税额为 22 万元，无法划分不得抵扣的进项税。老项目简易计税"建设规模"为 2000 平方米；房地产项目总"建设规模"为 4500 平方米（已取得《建筑工程施工许可证》注明的面积），其中公共配套的面积为 500 平方米。则不得抵扣的进项税额 = 22 × [2000 ÷（4500 - 500）] = 11（万元）。

会计处理为：

一是从销售方取得增值税专用发票时。

借：应交税费——应交增值税（进项税额）　　　　　　　　220000

　　贷：银行存款　　　　　　　　　　　　　　　　　　　　　220000

二是月底计算不得抵扣的进项税额时。

借：开发成本　　　　　　　　　　　　　　　　　　　　110000

　　贷：应交税费——应交增值税（进项税额转出）　　　　110000

按照规定，当一般纳税人销售自行开发的房地产项目含量有无法划分不得抵扣的进项税额时，按《建筑工程施工许可证》注明的"建设规模"为依据进行划分。然而，通常老项目选择适用简易计税方法均已经取得《建筑工程施工许可证》，但新项目则很可能存在尚未取得《建筑工程施工许可证》的情况，从而在计算不得抵扣的进项税额时，由于简易计税房地产项目"建设规模"占比较高形成了不得抵扣的进项税额也较高的情况。因此，在上述情况下，如果不考虑其他情况，建议无法划分不得抵扣的进项税额的公共配套等建设在新项目取得《建筑工程施工许可证》之后进行为宜。

三是按照上述公式依据年度数据对不得抵扣的进项税额进行清算时。

假定上述其他数据不变，2016 年 5 月之后至年底前该房地产企业又取得《建筑工程施工许可证》注明的面积为 3000 平方米，则不得抵扣的进项税额 $= 22 \times [2000 \div (4500 + 3000 - 500)] = 6.29$（万元），比原计算不得抵扣的进项税额少 $11 - 6.29 = 4.71$（万元）。会计处理为：

借：应交税费——应交增值税（进项税额）　　　　　　　47100

　　贷：开发成本　　　　　　　　　　　　　　　　　　　47100

从上述分析可知，房地产企业销售自行开发房地产项目营改增后的财税处理较营改增前营业税的处理以及现行增值税处理变化较大。在此提醒，相关纳税人需加强学习、准确把握营改增新政策，正确处理营改增后的相关增值税涉税事项。

房地产企业营改增后一般计税方法下的财税如何处理？

税务法规 36 号文、《房地产开发企业销售自行开发的房地产项目增值税征收管理暂行办法》的公告（国家税务总局公告 2016 年第 18 号）（以下简称"税总 2016 年 18 号公告"）明确了房地产业营改增的税务处理政策。与营改增前缴纳营业税相比，在纳税义务发生时间确认、预缴税款、销售额的余额计算、纳税申报填列等方面都发生很大的变化，因此房地产企业在财税处理工作中需特别关注。

例如，甲公司是一家主营房地产开发经营的企业，机构所在地梁园区，开发的 A 房地产项目在睢阳区。该项目《建筑工程施工许可证》登记的开工日期在 2016 年 4 月 30 日前。本次营改增中，登记为一般纳税人，对 A 房地产项目选择了一般计税方法计税。

已知，甲公司为开发 A 项目，取得土地 150000 平方米，土地出让金财政收据金额 3 亿元；A 项目总可售面积 390000 平方米。

2016 年 5 月，A 项目尚未完工，预售收入 1 亿元，对应的建筑面积 10000 平方米。

2016 年 6 月，购进用于 A 项目的建材钢筋 100 万元，进项税额 17 万元；就 5 月预售的 1 亿元房款，给业主开具了增值税发票。该月期初没有进项税额留抵。

说明：一般纳税人开发的房地产老项目，可以选择一般计税方法纳税申报，税率 11%。其纳税处理与一般纳税人开发的房地产新项目没有质的不同。

5 月的财税处理如下：

收到预售房款时：

借：银行存款　　　　　　　　　　　　　　　　100000000

　　贷：预收账款——未开票未计税房款　　　　　　　　100000000

说明：营改增后，销售不动产的纳税义务较营业税纳税义务发生时间后移，收到预收款的当天不再是销售不动产的纳税义务发生时间。当到了开票或产权发生转移或合同约定的交房日期，才确认纳税义务发生。但为了保证财政收入的均衡入库，税总 2016 年 18 号公告第十条、第十一条明确：一般纳税人采取预收款方式销售自行开发的房地产项目，应在收到预收款时按照

3%的预征率预缴增值税。应预缴税款＝预收款÷（1＋适用税率或征收率）×3%；适用一般计税方法计税的，按照11%的适用税率计算。

甲公司在次月申报期之内，按照3%预征率，计算出预缴税款10000÷（1＋11%）×3%＝270.27（万元），向项目所在地睢阳区国税局预缴税款。

借：应交税费——未交增值税　　　　　　　　　　　2702700

贷：银行存款　　　　　　　　　　　　　　　　　　2702700

预缴税款表的填列。2016年5月，收到预收款1亿元，因为没开具发票，应填报《增值税预缴税款表》，无须在《增值税纳税申报表》第1行"按适用税率计税销售额"栏中填报。在《增值税预缴税款表》中第2行的第1列填写1亿元，第2列填写0，第3列填写3%，第4列填写270.27万元。

6月的财税处理如下：

收到建材发票并验收入库时：

借：原材料　　　　　　　　　　　　　　　　　　　1000000

　　应交税费——应缴增值税（进项税额）　　　　　　170000

贷：银行存款　　　　　　　　　　　　　　　　　　1170000

将5月预售的1亿元房款，自行给业主开具了增值税发票，销售额9009.01万元，销项税额990.99万元，并在本月确认销项税额。

借：预收账款——未开票未计税房款　　　　　　　100000000

贷：预收账款——已开票已计税房款　　　　　　　　90090100

　　应交税费——应缴增值税（销项税额）　　　　　　9909900

税总2016年18号公告第四条：房地产开发企业中的一般纳税人销售自行开发的房地产项目，适用一般计税方法计税，按照取得的全部价款和价外费用，扣除当期销售房地产项目对应的土地价款后的余额计算销售额。销售额＝（全部价款和价外费用－当期允许扣除的土地价款）÷（1＋11%）。

允许扣除的土地价款：10000÷390000×30000＝769.23（万元）。

土地价款所对应的税额：769.23÷（1＋11%）×11%＝76.23（万元）。

借：应交税费——应缴增值税（营改增抵减的销项税额）　762300

贷：营业外收入　　　　　　　　　　　　　　　　　　762300

说明：第一，营改增政策明确的余额计税办法是"扣额法"，而增值税会计核算上使用的是"扣税法"。因为甲公司向业主开票时，已经按发票上的销售额和税额在账目中记载，如果不做该笔分录，直接按应税收入抵扣土地价款后的余额计税，将导致账、表应缴税款数据有差异，即实际按报表正确交税后账面仍然有未交税款余额。第二，将允许扣除的土地价款对应的税额视为政府给予企业的减免税优惠，所以计入"营业外收入"科目。

借：应交税费——应缴增值税（转出未交增值税）　　8977600

　　贷：应交税费——未缴增值税　　　　　　　　　　8977600

预缴税款的抵减。税总2016年18号公告第十四条明确，一般纳税人销售自行开发的房地产项目适用一般计税方法计税的，以当期销售额和11%的适用税率计算当期应纳税额，抵减已预缴税款后，向主管国税机关申报纳税。未抵减完的预缴税款可以结转下期继续抵减。

6月应申报缴纳的税款990.99 – 17 – 76.23 – 270.27 = 627.49（万元），按照财税〔2016〕36号附件2第一条第（十）项规定，向公司机构所在地梁园区国税局纳税申报。

借：应交税费——未缴增值税　　　　　　　　　　　6274900

　　贷：银行存款　　　　　　　　　　　　　　　　　6274900

纳税申报表的填列。纳税申报时，需填列《国家税务总局关于全面推开营业税改征增值税试点后增值税纳税申报有关事项的公告》（国家税务总局公告2016年第13号）和《国家税务总局关于调整增值税纳税申报有关事项的公告》（国家税务总局公告2016年第27号）下发的报表。

在《增值税纳税申报表附列资料（一）》第4行的第1列填写9009.01（万元），第2列填写990.99（万元），第12列填写769.23（万元），第13列生成9230.77（万元），第14列生成914.76（万元）；在《增值税纳税申报表附列资料（二）》第2栏"金额"栏填写100（万元），"税额"栏填写17（万元）；在《增值税纳税申报表附列资料（三）》第2栏的第1列填写10000

（万元），在第3列、4列、5列均填写769.23（万元）；在《增值税纳税申报表附列资料（四）》序号4的第1列和第4列各填写270.27（万元）；在《本期抵扣进项税额结构明细表》第2栏的"金额"栏填写100（万元），"税额"栏填写17（万元）。

《增值税纳税申报表》主表"一般项目"列"本月数"栏目内填写或生成如下数字：第1栏9009.01（万元），第11栏914.76（万元），第18栏17（万元），第24栏897.76（万元），第27栏（＝28栏）270.27（万元），第34栏627.49（万元）。

经过以上财税处理，应缴增值税的账、表数据无差异。

房地产企业营改增后适用简易计税方法的财税如何处理？

根据财税〔2016〕36号等相关文件，房地产企业营改增后适用简易计税方法的财税处理，下面举例加以说明。

A公司为房地产开发企业，A公司在主管国税机关登记为一般纳税人，并且将其房地产老项目备案为按简易计税方式征税。2016年5月销售房地产老项目楼盘一套，销售合同中注明含税价105万元，当月收到预收房款42万元，8月收到剩余房款63万元，并向客户全额开具发票。

下面是A公司2016年5月至9月的相关会计分录。

一是2016年5月收到预收款的处理如下：

借：银行存款　　　　　　　　　　　　　　　　　420000

　　贷：预收账款　　　　　　　　　　　　　　　　420000

二是2016年6月预缴税款的处理如下：

借：应交税费——未交增值税　　　　　　　　　　12000

　　贷：银行存款　　　　　　　　　　　　　　　　12000

预缴税款 ＝ ［42÷（1＋5%）］×3% ＝1.2（万元）。

依据税总2016年18号公告第十条规定，一般纳税人采取预收款方式销售自行开发的房地产项目，应在收到预收款时按照3%的预征率预缴增值税。

第十一条规定，应预缴税款按照以下公式计算：应预缴税款＝预收款÷（1＋适用税率或征收率）×3%。适用一般计税方法计税的，按照11%的适用税率计算；适用简易计税方法计税的，按照5%的征收率计算。

第十二条规定，一般纳税人应在取得预收款的次月纳税申报期向主管国税机关预缴税款。

三是2016年8月收到剩余房款，确认收入的处理如下：

借：银行存款　　　　　　　　　　　　　　　　　　　630000

　　预收账款　　　　　　　　　　　　　　　　　　　420000

　　贷：主营业务收入　　　　　　　　　　　　　　　　　1000000

　　　　应交税费——未交增值税　　　　　　　　　　　　50000

四是2016年9月申报缴税的处理如下：

借：应交税费——未交增值税　　　　　　　　　　　　38000

　　贷：银行存款　　　　　　　　　　　　　　　　　　　38000

申报缴税额＝应纳税额－预缴税额＝5－1.2＝3.8（万元）。

依据税总2016年18号公告第十五条规定，一般纳税人销售自行开发的房地产项目适用简易计税方法计税的，应按照《实施办法》第四十五条规定的纳税义务发生时间，以当期销售额和5%的征收率计算当期应纳税额，抵减已预缴税款后，向主管国税机关申报纳税。未抵减完的预缴税款可以结转下期继续抵减。

营改增后房地产、建筑企业不能抵扣进项税金的12种发票是什么？

在房地产、建筑企业营改增后，到底哪些增值税发票可以抵扣？哪些增值税发票不可以抵扣？这些问题困扰着许多房地产和建筑企业的财税负责人员。本文列举营改增后房地产、建筑企业不能抵扣进项税金的 4 大类共计 12 种发票，就是为了消除以上困惑。

1. 票款不一致的增值税专用发票

《国家税务总局关于加强增值税征收管理若干问题的通知》（国税发〔1995〕192 号）第一条第（三）项规定："购进货物或应税劳务支付货款、劳务费用的对象。纳税人购进货物或应税劳务，支付运输费用，所支付款项的对象，必须与开具抵扣凭证的销货单位、提供劳务的单位一致，才能够申报抵扣进项税额，否则不予抵扣。"基于此规定，票款不一致的不可以抵扣进项税金。

2. "对开发票"不能抵扣进项税金

第一，对开发票的涉税风险。

所谓对开发票，是指一购货方在发生"销售退回"时，为了规避开红字发票的麻烦，由退货企业再开一份销售专用发票视同购进后又销售给了原生产企业的行为。

部分纳税人认为，用发票对开这种方法解决"销货退回"问题只是等于把这批不符合质量要求的货物又"卖回"了销货方，并不造成购销双方的税款流失，因为退货方已将这张发票作了账务处理，也计提了销项税金，不存在少缴或逃缴税款问题；对于供货一方来说，也只是拿这张进项发票抵顶了原来应计提的销项税金，同样也不存在偷逃税款的问题。

一是用发票对开解决销货退回问题，其实质是将退货看作对销货方的一种重新销售，法律并无禁止，不禁止即视为不违法；二是用发票对开形式解决销货退回问题，从操作目的上看购销双方并不存在偷逃税款的主观故意，从实质上看也不造成税款流失的客观结果。因此，上述纳税人的认识是错误的。其原因如表 12 - 2 所示。

表 12 – 2   "对开发票"不能抵扣进项税金的原因

原　因	说　明
在发生销售退回时，如果未按规定开具红字专用发票，实行对开发票有可能增加税收负担	《增值税暂行条例实施细则》第十一条规定："一般纳税人销售货物或者应税劳务，开具增值税专用发票后，发生销售货物退回或者折让、开票有误等情形，应按国家税务总局的规定开具红字增值税专用发票。未按规定开具红字增值税专用发票的，增值税额不得从销项税额中扣减。"所以，企业如果发生销货退回行为，应按规定开具红字发票，如果未按规定开具红字发票，重开发票的增值税额不得从销项税额中抵减，将会被重复计税
"对开发票"将面临税务局的罚款	纳税人如果未能按规定开具红字发票，税务机关在有足够证据的情况下，可根据《发票管理办法》第三十六条规定，未按照规定开具发票的，由税务机关责令限期改正，没收非法所得，可以并处 10000 元以下的罚款。有前款所列两种或者两种以上行为的，可以分别处罚。违反发票管理法规，导致其他单位或者个人未缴、少缴或者骗取税款的，由税务机关没收非法所得，可以并处未缴、少缴或者骗取的税款一倍以下的罚款
没有货物往来的发票对开可能被视为虚开发票	《最高人民法院关于适用〈全国人民代表大会常务委员会关于惩治虚开、伪造和非法出售增值税专用发票犯罪的决定的若干问题的解释〉的通知》（法发〔1996〕30 号）明确，具有下列行为之一的，属于虚开增值税专用发票：一、没有货物购销或者没有提供或接受应税劳务而为他人、为自己、让他人为自己、介绍他人开具增值税专用发票；二、有货物购销或者提供或接受了应税劳务但为他人、为自己、让他人为自己、介绍他人开具数量或者金额不实的增值税专用发票；三、进行了实际经营活动，但让他人为自己代开增值税专用发票。为了完成总机构分配的销售收入考核指标的增值税专用发票对开，由于没有货物购销或者没有提供或接受应税劳务，符合"虚开增值税专用发票"的特征，极有可能被认定为虚开增值税专用发票，如果情节严重，还有可能被追究刑事责任
要多缴纳印花税使企业增加税收负担和少缴纳企业所得税而遭到税务稽查风险	《印花税暂行条例》规定，在中华人民共和国境内书立、领受购销合同的单位和个人，是印花税的纳税义务人。发票对开是企业视为自身新增加了一笔销售行为，如果书立合同，还需要缴纳印花税，应按购销金额的万分之三贴花，对比销货退回的正常处理，给纳税人增加了不必要的税收负担。如果不按时缴纳，还可能受到处罚

发票对开是企业通过对开发票，新增加了一笔销售收入，虽然对增值税没有影响，但是影响了企业所得税的计算。《企业所得税法实施条例》规定了多种扣除项目，有许多费用扣除项目以销售收入为基础。如企业发生的与生产经营活动有关的业务招待费支出，按照发生额的60%扣除，但最高不得超过当年销售（营业）收入的0.5%，企业发生的符合条件的广告费和业务宣传费支出不超过当年销售（营业）收入15%的部分准予扣除。如果企业按虚增后的销售收入计算费用扣除，就会造成多扣除，少计应税所得的结果。

纳税人在将销售退回变更成销售虚增销售收入的同时，也增加了所得税税前扣除的费用金额。如果因多计收入而增加的扣除金额被税务机关有证据证明是人为造假时，税务机关可根据《税收征管法》第六十三条规定，对纳税人伪造、变造、隐匿、擅自销毁账簿、记账凭证，或者在账簿上多列支出或者不列、少列收入，或者经税务机关通知申报而拒不申报或者进行虚假的纳税申报，不缴或者少缴应纳税款的，对纳税人进行处罚。

第二，控制策略：销货退回应开具红字发票。

一般纳税人发生退货业务应按规定开具红字增值税专用发票。《国家税务总局关于修订〈增值税专用发票使用规定〉的通知》（国税发〔2006〕156号）第十四条规定，一般纳税人取得专用发票后，发生销货退回、开票有误等情形但不符合作废条件的，或者因销货部分退回及发生销售折让的，购买方应向主管税务机关填报《开具红字增值税专用发票申请单》（以下简称《申请单》）。《申请单》所对应的蓝字专用发票应经税务机关认证。经认证结果为"认证相符"并且已经抵扣增值税进项税额的，一般纳税人在填报《申请单》时不填写相对应的蓝字专用发票信息。

3. 房地产、建筑企业营改增过渡期间的三种不能抵扣进项税金的增值税专用发票

第一，营改增前签订的材料采购合同，已经履行合同，但建筑材料在营改增后才收到并用于营改增前未完工的项目，而且营改增后才付款给供应商

而收到材料供应商开具的增值税专用发票。

第二，营改增前采购的材料已经用于营改增前已经完工的工程建设项目，营改增后才支付采购款，而收到供应商开具的增值税专用发票。

第三，营改增之前采购的设备、劳保用品、办公用品并支付款项，但营改增后收到供应商开具的增值税专用发票。

4. 房地产、建筑企业营改增后不能抵扣进项税金的七种特殊增值税专用发票

第一，没有供应商开具销售清单的开具"材料一批"、汇总运输发票、办公用品和劳动保护用品的发票。

国税发〔2006〕156号第十二条规定：一般纳税人销售货物或者提供应税劳务可汇总开具专用发票。汇总开具专用发票的，同时使用防伪税控系统开具《销售货物或者提供应税劳务清单》，并加盖财务专用章或者发票专用章。因此，没有供应商开具销售清单的开具"材料一批"、汇总运输发票、办公用品和劳动保护用品的发票，不可以抵扣进项税金。

第二，获得按照简易征收办法的供应商开具的增值税发票。

《国家税务总局关于简并增值税征收率有关问题的公告》（国家税务总局公告2014年第36号）规定：一般纳税人销售自产的下列货物，可选择按照简易办法依照3%征收率计算缴纳增值税，同时不得开具增值税专用发票。一是建筑用和生产建筑材料所用的砂、土、石料；二是以自己采掘的砂、土、石料或其他矿物连续生产的砖、瓦、石灰（不含黏土实心砖、瓦）；三是商品混凝土（仅限于以水泥为原料生产的水泥混凝土）。

因此，建筑企业购买的沙、石料，如果是从按照简易征收办法的供应商采购的，则建筑企业只能获得增值税普通发票，不能抵扣进项税金。

第三，购买职工福利用品的增值税专用发票。

106号文附件1《营业税改征增值税试点实施办法》第十条第（一）项规定，用于适用简易计税方法计税项目、非增值税应税项目、免征增值税项目、

集体福利或者个人消费的购进货物、接受加工修理修配劳务或者应税服务的进项税额不得从销项税额中抵扣。

第四，发生非正常损失的材料和运输费用中含有的进项税金（例如，工地上被小偷偷窃的钢材、水泥）。

106 号文附件 1《营业税改征增值税试点实施办法》第十条第（二）项规定，非正常损失的购进货物及相关的加工修理修配劳务和交通运输业服务的进项税额不得从销项税额中抵扣。106 号文附件 1《营业税改征增值税试点实施办法》第十条第（三）项规定，非正常损失的在产品、产成品所耗用的购进货物（不包括固定资产）、加工修理修配劳务或者交通运输业服务的进项税额不得从销项税额中抵扣。

第五，建筑施工企业自建工程所采购建筑材料所收到的增值税专用发票。

第六，房地产公司开发的产品，例如商铺、商场、写字楼自己持有经营，以上开发产品所耗用的建筑材料和建筑公司提供的建筑劳务部分的进项税额不得从销项税额中抵扣。

第七，获得的增值税专用发票超过法定认证期限 180 天。

《国家税务总局关于调整增值税扣税凭证抵扣期限有关问题的通知》（国税函〔2009〕617 号）第一条规定：增值税一般纳税人取得 2010 年 1 月 1 日以后开具的增值税专用发票、（货物运输增值税专用发票）和机动车销售统一发票，应在开具之日起 180 日内到税务机关办理认证，并在认证通过的次月申报期内，向主管税务机关申报抵扣进项税额。基于此规定，获得的增值税专用发票超过法定认证期限 180 天不可以抵扣进项税额。

第十三章　金融行业营改增实务操作

金融业涉及广、影响深、业务类型复杂，那么，营改增对金融业的影响及企业应对策略是什么？营改增对金融企业会计处理的影响是什么？金融企业应对营改增如何进行会计处理？金融服务的征税项目范围和税率是多少？贷款服务具体指什么？如何确定销售额？直接收费金融服务具体指什么？如何确定销售额？金融商品转让服务具体指什么？如何确定销售额？有哪些相关规定？金融同业往来利息收入需要纳税吗？具体包括哪些业务？金融业营改增后，政策规定的免征增值税项目有哪些？本章对上述问题予以解答。

营改增对金融业的影响及企业应对策略是什么？

金融行业实施营改增后，作为金融行业主体的银行业应了解其给企业带来的影响，并积极采取对策，推进营改增在信息系统方面的改造，加强财税业务培训和增加财务专职人员，建立健全账务核算体系，加强对供销链上供应商的管理，加强对供销链上客户的管理，从而切实提升银行业税务管理能力。

1. 营改增对金融业的影响

金融业在营改增的过程中会遇到哪些问题，营改增对金融业的影响又是如何的呢？我们可从如下几个方面来分析：

第一，当前银行业由于实施营改增在信息技术系统改造、业务与税务配合衔接、流程改造等方面的困难及影响。

一是信息技术系统改造。银行业的确面临着比其他行业更高的改造成本，因为银行业涉及的系统改造范围广泛，只要涉及收入类的系统，包括利息收入、中间业务收入、同业收入等系统都要改造，银行业信息技术的大量采用无疑要求大量的硬件和软件投资，尤其是营改增后，需要进一步完善的功能应用还有很多，软件环境需要不断地升级。

二是业务与税务配合衔接。营改增后银行必须建立增值税开票系统与现有各业务系统的有效衔接，解决在衔接过程中出现的硬件、软件等问题，同时还需要制订相应的增值税开票流程，规范工作人员业务行为，防范风险。银行现有税务方面的人才匮乏，更重视的是业务及信贷能手，今后营改增实施过程中肯定需要税务方面的专职人员，人员的岗前培训和新增岗位人工成本也是较大的支出。

三是流程改造。营改增后，银行业从税制设计及征管到银行科技系统和业务流程诸多方面都需改造。如果按照 2016 年 5 月 1 日营改增落地的要求来看，最大的挑战是细则没有出台，并由此导致政策的不确定与改革成本不可逆两者的矛盾。但如果坐等政策出台，可能无法及时完成营改增实施工作，给业务、客户带来巨大影响，因此商业银行只能依靠掌握的信息，结合增值税的基本原理摸索前行，可一旦政策出台有较大变动，就很可能造成一部分成本沉没。

第二，营改增后，由于适用税率变动及进项抵扣的问题所造成的税负的影响。

一是适用税率变动用对税负的影响。目前，金融保险业营业税税率为 5%，其计税营业额包括贷款业务收入、差价业务收入和中间业务收入，这三种业务中，贷款业务收入是银行业营业收入的主要内容，营业税作为价内税，其计税依据却是其经营金融业务营业收入全额，营改增后，财税部门考虑对金融保险业采取 6% 的增值税税率，因增值税为价外税，其计税依据首先得换算为不含税收入，因此，虽然利率上升了 1%，但相应的计税依据也有所减少。

二是进项税抵扣对税负的影响。营改增后，与之相关的进项税也可抵扣，银行可抵扣的进项税主要有如下两个方面：电子设备、办公设备及其经营的柜台等固定资产采购；银行业信息技术系统所需的硬件和软件支出。尽管存在上述抵扣的进项税，但在实际业务中，有更多的成本支出将因无法取得增值税专用发票而不能抵扣，不能抵扣的进项税主要体现在以下两方面：支付给个人的存款利息和银行从业人员的人工支出。

因此，银行业在日常业务中需要加强会计核算、降低银行税收成本，增加进项税税额来加强增值税抵扣力度，减轻税负。

第三，营改增后，对银行的业务影响及内控管理风险的影响。

一是对业务的影响。由于全面营改增或许会降低部分企业借款的税收成本，因为这些借款者的借款利息可从银行获得进项税抵扣，营改增后实现了收入价税分离，满足下游实体企业抵扣进项税金的需要，有利于提升金融业服务实体经济的能力。同时，下游实体企业由于抵扣进项税金而减轻经营成本，有利于反向改善银行信贷环境，促进贷款业务平稳增长。

二是对内控管理风险的影响。对个人客户发票开具也存在问题。营业税下，银行不向客户提供发票，但营改增后，个人客户将要求银行提供增值税普通发票，这些海量发票的开具需求大大增加了商业银行系统负担和工作量。而外部监管层面的挑战在于，银行除了原有的大企业风险管理、重点税源监控外，营改增后预计还要面临增值税风险纳税评估，而且还要配合增值税专用发票的检查，如果出现违法行为，则可能涉及刑事责任等风险和挑战。

总而言之，税率由5%提升为6%，在细则没有出台的情况下按照可能推断的结果，做出上述分析判断，一切还需要等待细则落地。

2. 企业应对营改增的策略

金融业营改增这块硬骨头应该如何"啃"，需要从各个方面来积极应对。那么具体又有哪些应对策略呢？下面就为大家一一道来。

第一，推进营改增在信息系统方面的改造。

商业银行要根据掌握到的信息，结合增值税的基本原理摸索，对银行业信息技术进行更新改造，实现增值税开票系统与银行业务系统的有效衔接，解决在衔接过程中出现的硬件、软件等问题，完成包括需求评审、代码编写和测试等一系列工作。整个工作过程中注意尽量实现模块化改造、参数化控制，避免改造后的系统与出台的政策不一致所带来的损失。

第二，加强财税业务培训和增加财务专职人员。

营改增后，个人客户将要求银行提供增值税普通发票，这些海量发票的开具需求大大增加了商业银行的系统负担和工作量，而且预计还要面临增值税专用发票的检查，如果出现违法行为，则可能涉及刑事责任等风险和挑战，因此需要组织财税岗位人员进行增值税培训，辅导相关人员做好增值税专用发票等票证的业务处理流程。银行中熟悉增值税法规的人才匮乏，以往更重视的是业务及信贷能手，今后营改增实施过程中肯定需要税务方面的专职人员。

第三，建立健全账务核算体系。

营改增后，如果成为增值税一般纳税人，需要根据一般纳税人的要求建立健全账务体系，在"应交税费"科目下设"应交增值税""未交增值税"明细账，在"应交增值税"明细科目下设置"进项税额""已交税金""减免税款""出口抵减内销产品应纳税额""转出未交增值税""销项税额""出口退税""进项税额转出""转出多交增值税"9个专栏。对上述专栏中的销项税还需要针对不同税率的业务分开核算，避免统一适用较高税率。

第四，加强对供销链上供应商的管理。

营改增后，可抵扣的进项税对金融业税负的影响尤为重要，因此需要充分调研供应商信息，完善供应商管理；对增值税一般纳税人和小规模纳税人购买服务合同价格中的谈判拟定相应办法，提升议价能力水平；同时还需对与供应商签订合同中的涉税条款的合法性、合规性进行审阅和修订；并对采购流程、支付报销流程、增值税发票取得与认证流程、成本费用核算等环节的流程进行改造与优化。

第五，加强对供销链上客户的管理。

营改增后，对提供客户的服务要充分考虑每项业务税负的变化对价格和利润的影响，根据市场行情，制定出合适的服务价格；在发票开具方面，需要及时准确地收集到客户的开票信息，做好增值税发票开具安排。

营改增对金融企业会计处理的影响是什么？

金融企业要想在营改增过程中收获好的效果，必须研究对本企业会计处理方面带来的影响。具体体现在以下几个方面。

1. 对金融企业账务处理的影响

商业银行在提供应税服务主要为存贷款、资金清算业务、国内支付结算业务、外汇业务、固定资产的购买与清理、中间业务、理财产品、保险、同行业拆借等业务。征收增值税的方法是通过计算进项税额与销项税额的差额来确定应该缴纳增值税的多少。其中进项税额与销项税额是通过增值税发票来确定的，而银行的贷款、结算、理财等许多业务是很难取得增值税发票的，所以银行业应该按照营业收入与营业成本的差额进行征收。同时也应明确应税项目和免税项目，对于不同的应税项目，应该采用不同的增值税征收方法。

银行大部分经营收入来自个人企业贷款利息收入、销售理财、保管物品收取的手续费用及和佣金收入、其他业务收入、汇兑损益、投资收益，其中中间业务收取服务费和佣金收入的应该采用简易征收办法。银行的主要营业成本为存款利息支出、银行之间往来支出、业务及管理费等。银行取得营业收入，应增加"应交税费——应交增值税（销项税额）"这一栏目，用于记录其销项税额。同样发生业务支出时，应增加"应交税费——应交增值税（进项税额）"这一栏目，用于记录其销项税额。当月末进行纳税申报时，根据进销税差额来确定当期所纳增值税税额。

证券行业与保险行业日常主要收入为相关业务的手续费及佣金，几乎没有进项税额抵扣来源。如果还是按照常规的增值税处理方法，必然会加重这些行业的税收负担，制约证券业与保险业的发展，以至于在全球公开金融市场中失去竞争力。这时我们可以按简易征收的办法，其取得的手续费及佣金一律按3%税率征收增值税。

2. 对财务报表披露的影响

对金融行业实行营改增后，金融企业日常购买的固定资产、机械设备、打印机和低值易耗品产生的进项税额可以抵扣了。在资产负债表中，由于进项税额的抵扣，固定资产原值账面价值将减少，累计折旧也将随之减少。负债类应交税金项应增加"应交增值税"这一科目。应交营业税也将不再列报，利润表中的营业税金及附加也将不复存在，成本费用就会减少，增加了企业的利润，同时对资产负债表中的未分配利润这一科目也会有所增加。在现金流量表上由于增值税进项税额可以进行抵扣，从而会使金融企业投资活动的现金流出有上升趋势。取缔营业税之后会使金融企业的成本费用下降，经营活动产生的现金流量会有所增加。

3. 对金融企业税负的影响

金融企业营业税课税基础较为沉重，作为商业银行主营业务收入来源的贷款利息收入要以其全额计征营业税，在此基础上，再以所缴纳的营业税为税基，缴纳教育费附加（3%）及城市建设维护税（7%），综合起来，综合税负在5.5%以上。比之与执行3%营业税税率的交通运输、建筑安装、电信通信等其他劳务输出行业，处于较高水平。综合税基包括收取的价外费用、手续费及佣金，又受增值税链条中断、利率管制等因素的作用下，金融企业实际税负更高。一旦对金融企业实施营改增，必定会对其税负带来举足轻重的影响。营改增主要是在现行增值税17%标准税率和13%低税率基础上，新增11%和6%两档低税率。国家税制机构对金融企业出台的增值税税率，也会对金融企业带来一定程度上的影响。所以实行营改增对金融企业总体来说税负应该是减轻的，但究竟降低到什么程度还有很大的不确定性。

金融企业应对营改增如何进行会计处理？

面对营改增对金融企业会计处理带来的影响，金融业要积极采取对策：树立纳税筹划意识、加强财务风险防范、完善财务报表的列报、加强发票的管理与运用等。

1. 树立纳税筹划意识

营改增中对金融企业有很多税收优惠和减免政策，企业财务人员要形成纳税筹划的意识，最大限度合理、合法地把企业纳税额降到最低。金融企业要结合本企业的现实经营情况，通过新税收政策提供的各种益处，综合分析制订最佳税收筹划方案。利用增值税存在进项税额抵扣的情况，企业在选择合作的供应商时应选择能够开具增值税发票的企业，达到税负的转嫁效果。企业财务人员更要细心研究营改增税收政策中的特殊条款规定，来寻求更大的纳税筹划空间。

2. 加强财务风险防范

我们不仅要看到营改增给企业带来的好处，更应关注可能带来的财务风险。为了防止违规制度核算带来的财务风险现象的发生，应加强对财会人员业务操作的培训，使其能够按照新税收制度的规定完成相关财务业务核算的处理，制定明确而操作性强的财务规章制度来规范企业财务操作流程，加强财务审计工作，保证所有新的财务业务的操作都按规定执行。最后值得强调的是所有纳税筹划都必须符合我国现行税法的规定，避免违规避税行为的发生。

3. 完善财务报表的列报

营改增改变了金融会计核算的相关科目、企业财会日常业务处理的流程，让企业的财务报表更加烦琐。由于日常业务的会计处理的改变以及财务报表的复杂化，可能导致会计人员不能严格按照新税收体制的要求编制财务报表，从而不能保证会计信息的真实性、准确性。金融企业必须采取相应的方法完善企业财务报表的填制与披露，向社会提供高质量的企业财务信息，让报表的信息使用者能够真实地了解到企业在新的税收体制之下的财务和经营情况。

4. 加强发票的管理与运用

发票的管理使用情况涉及金融企业的自身利益，是进行增值税纳税申报的直接依据，影响企业的税负水平。金融企业必须派专人认真负责发票的管理，做好发票的使用与归集。合理使用发票，在营改增试用的条件下，制定合理的管理发票的方法，及时发现漏洞，加强内部审计与职能监督，加强发票的控制管理及增值税专用发票开具的监督，规范增值税发票开具的流程，防止相关工作人员虚开、漏开增值税发票，给企业带来税务风险与经济损失。

金融服务的征税项目范围和税率是多少？

金融企业在实施营改增的过程中会遇到一些必须解决的问题，其中征税项目范围和税率是普遍比较关心的问题，这里给出解答，希望对企业有所帮助。

1. 金融服务的征税范围

金融服务的征税范围，依照试点实施办法附的《销售服务、无形资产或者不动产注释》执行。

金融服务是指经营金融保险的业务活动。包括贷款服务、直接收费金融服务、保险服务和金融商品转让。

第一，贷款服务。

贷款，是指将资金贷给他人使用而取得利息收入的业务活动。

各种占用、拆借资金取得的收入，包括金融商品持有期间（含到期）利息（保本收益、报酬、资金占用费、补偿金等）收入、信用卡透支利息收入、买入返售金融商品利息收入、融资融券收取的利息收入，以及融资性售后回租、押汇、罚息、票据贴现、转贷等业务取得的利息及利息性质的收入，按照贷款服务缴纳增值税。

融资性售后回租，是指承租方以融资为目的，将资产出售给从事融资性售后回租业务的企业后，从事融资性售后回租业务的企业将该资产出租给承租方的业务活动。

以货币资金投资收取的固定利润或者保底利润，按照贷款服务缴纳增值税。

第二，直接收费金融服务。

直接收费金融服务，是指为货币资金融通及其他金融业务提供相关服务并且收取费用的业务活动。包括提供货币兑换、账户管理、电子银行、信用卡、信用证、财务担保、资产管理、信托管理、基金管理、金融交易场所（平台）管理、资金结算、资金清算、金融支付等服务。

第三，保险服务。

保险服务，是指投保人根据合同约定，向保险人支付保险费，保险人对于合同约定的可能发生的事故因其发生所造成的财产损失承担赔偿保险金责任，或者当被保险人死亡、伤残、疾病或者达到合同约定的年龄、期限等条件时承担给付保险金责任的商业保险行为。包括人身保险服务和财产保险服务。

人身保险服务，是指以人的寿命和身体为保险标的的保险业务活动。

财产保险服务，是指以财产及其有关利益为保险标的的保险业务活动。

第四，金融商品转让。

金融商品转让，是指转让外汇、有价证券、非货物期货和其他金融商品所有权的业务活动。

其他金融商品转让包括基金、信托、理财产品等各类资产管理产品和各种金融衍生品的转让。

2. 金融服务的税率

营改增后，对从事"金融服务"税目范围的单位和个人征收增值税，只是在部分特定的税收优惠上（如同业往来免征增值税），由于需对免税主体、业务等作出限定，仍然在《试点过渡政策》和其他文件中，明确了金融机构的范围。但这不影响金融业增值税主要作为行为税的特征。

纳税人分为一般纳税人和小规模纳税人。纳税人提供金融服务的年应征增值税销售额超过 500 万元（含本数）的为一般纳税人，未超过规定标准的纳税人为小规模纳税人。

一般纳税人适用税率为 6%，小规模纳税人提供金融服务，以及特定金融机构中的一般纳税人提供的可选择简易计税方法的金融服务，征收率为 3%。

境内的购买方为境外单位和个人扣缴增值税的，按照适用税率扣缴增值税。

贷款服务具体指什么？如何确定销售额？

财税〔2016〕36 号对贷款服务的定义为将资金贷与他人使用而取得利息收入的业务活动。同时规定，贷款服务以提供贷款服务取得的全部利息及利息性质的收入为销售额。

对于贷款服务相关收入的征税政策，根据财税〔2016〕36 号规定，各种占用、拆借资金的利息收入，包括金融商品持有期间（含到期）利息（保本收益、报酬、资金占用费、补偿金）收入、信用卡透支利息收入、买入返售金融商品利息收入、融资融券收取的利息收入，以及融资性售后回租、押汇、罚息、票据贴现、转贷等业务取得的利息及利息性质的收入，均适用贷款服务缴纳增值税。同时，其他以货币资金投资收取的固定利润或者保底利润，也都应按照贷款服务缴纳增值税。

值得注意的是，36号文对应税行为的定义，通常不以纳税人从事的行业性质来判断，而是以纳税人发生的具体应税行为来判断纳税义务。也就是说，对贷款服务而言，即使不是金融机构，只要发生了贷款服务定义范围内的应税行为，都应按照贷款服务来计算缴纳增值税。贷款服务的增值税适用税率为6%。

直接收费金融服务具体指什么？如何确定销售额？

根据行业分类和盈利模式可将金融服务分为三大类：金融中介服务、直接收费的金融服务和间接收费的金融服务。

金融中介服务是指从事金融活动及为金融活动提供相关服务的各类金融机构。金融中介一般由银行金融中介及非银行金融中介构成，具体包括商业银行、证券公司、保险公司以及信息咨询服务机构等中介机构。

直接金融服务是资金盈余部门与资金短缺部门分别作为最后贷款者和最后借款者直接协商借贷，或者由资金盈余部门直接购入资金短缺部门的有价证券而实现资金融通的金融行为。比如，公司发行债券、股票的融资方式为直接金融。

间接金融服务是资金盈余部门与资金短缺部门之间通过金融中介机构间接实现资金融通的金融行为。比如，公司通过向银行这个金融中介机构取得借款。

根据36号文规定，直接收费金融服务，以提供直接收费金融服务收取的手续费、佣金、酬金、管理费、服务费、经手费、开户费、过户费、结算费、转托管费等各类费用为销售额。

金融商品转让服务具体指什么？如何确定销售额？有哪些相关规定？

金融商品转让是指转让外汇、有价证券、非货物期货和其他金融商品所有权的业务活动。包括基金、信托、理财产品等各类资产管理产品和各种金融衍生品的转让。

金融商品转让，按照卖出价扣除买入价后的余额为销售额。转让金融商品出现的正负差，按盈亏相抵后的余额为销售额。若相抵后出现负差，可结转下一纳税期与下期转让金融商品销售额相抵，但年末时仍出现负差的，不得转入下一个会计年度。

金融商品的买入价，可以选择按照加权平均法或者移动加权平均法进行核算，选择后 36 个月内不得变更。

金融商品转让，不得开具增值税专用发票。

金融同业往来利息收入需要纳税吗？具体包括哪些业务？

金融同业往来利息收入免征增值税。根据 36 号文规定以下为免征增值税业务：

一是金融机构与人民银行所发生的资金往来业务。包括人民银行对一般金融机构贷款，以及人民银行对商业银行的再贴现等。

二是银行联行往来业务。同一银行系统内部不同行、处之间所发生的资金账务往来业务。

三是金融机构间的资金往来业务。是指经人民银行批准，进入全国银行间同业拆借市场的金融机构之间通过全国统一的同业拆借网络进行的短期（一年以下含一年）无担保资金融通行为。

四是金融机构之间开展的转贴现业务。

金融业营改增后，政策规定的免征
增值税项目有哪些？

对于金融业，《营业税改征增值税试点过渡政策的规定》明确了免征增值税的项目包括：金融机构农户小额贷款、国家助学贷款、国债地方政府债、中国人民银行对金融机构的贷款等的利息收入，被撤销金融机构以货物、不动产、无形资产、有价证券、票据等财产清偿债务，保险公司开办的一年期以上人身保险产品取得的保费收入，合格境外投资者（QFII）委托境内公司在我国从事证券买卖业务、证券投资基金管理人运用基金买卖股票和债券、个人从事金融商品转让业务等金融商品转让收入，等等。具体包括以下 17项。如表 13 – 1 所示。

表 13 – 1　　　　　　　　　　　金融业免征增值税项目

序　号	内　容
1	2016 年 12 月 31 日前，金融机构农户小额贷款取得的利息收入，免征增值税小额贷款，是指单笔且该农户贷款余额总额在 10 万元（含本数）以下的贷款。所称农户，是指长期（一年以上）居住在乡镇（不包括城关镇）行政管理区域内的住户，还包括长期居住在城关镇所辖行政村范围内的住户和户口不在本地而在本地居住一年以上的住户，国有农场的职工和农村个体工商户。位于乡镇（不包括城关镇）行政管理区域内和在城关镇所辖行政村范围内的国有经济的机关、团体、学校、企事业单位的集体户；有本地户口，但举家外出谋生一年以上的住户，无论是否保留承包耕地均不属于农户。农户以户为统计单位，既可以从事农业生产经营，也可以从事非农业生产经营。农户贷款的判定应以贷款发放时的承贷主体是否属于农户为准
2	国家助学贷款取得的利息收入，免征增值税
3	国债、地方政府债取得的利息收入，免征增值税
4	人民银行对金融机构的贷款取得的利息收入，免征增值税

续　表

序　号	内　容
5	住房公积金管理中心用住房公积金在指定的委托银行发放的个人住房贷款取得的利息收入，免征增值税
6	外汇管理部门在从事国家外汇储备经营过程中，委托金融机构发放的外汇贷款取得的利息收入，免征增值税
7	统借统还业务中，企业集团或企业集团中的核心企业以及集团所属财务公司按不高于支付给金融机构的借款利率水平或者支付的债券票面利率水平，向企业集团或者集团内下属单位收取的利息，免征增值税 统借方向资金使用单位收取的利息，高于支付给金融机构借款利率水平或者支付的债券票面利率水平的，应全额缴纳增值税 统借统还业务，是指：①企业集团或者企业集团中的核心企业向金融机构借款或对外发行债券取得资金后，将所借资金分拨给下属单位（包括独立核算单位和非独立核算单位，下同），并向下属单位收取用于归还金融机构或债券购买方本息的业务。②企业集团向金融机构借款或对外发行债券取得资金后，由集团所属财务公司与企业集团或者集团内下属单位签订统借统还贷款合同并分拨资金，并向企业集团或者集团内下属单位收取本息，再转付企业集团，由企业集团统一归还金融机构或债券购买方的业务
8	被撤销金融机构以货物、不动产、无形资产、有价证券、票据等财产清偿债务 被撤销金融机构，是指经人民银行、银监会依法决定撤销的金融机构及其分设于各地的分支机构，包括被依法撤销的商业银行、信托投资公司、财务公司、金融租赁公司、城市信用社和农村信用社。除另有规定外，被撤销金融机构所属、附属企业，不享受被撤销金融机构增值税免税政策
9	保险公司开办的一年期以上人身保险产品取得的保费收入 一年期以上人身保险，是指保险期间为一年期及以上返还本利的人寿保险、养老年金保险，以及保险期间为一年期及以上的健康保险；人寿保险，是指以人的寿命为保险标的的人身保险；养老年金保险，是指以养老保障为目的，以被保险人生存为给付保险金条件，并按约定的时间间隔分期给付生存保险金的人身保险（养老年金保险应当同时符合下列条件：①保险合同约定给付被保险人生存保险金的年龄不得小于国家规定的退休年龄。②相邻两次给付的时间间隔不得超过一年）。健康保险，是指以因健康原因导致损失为给付保险金条件的人身保险

序 号	内 容
9	上述免税政策实行备案管理，具体备案管理办法按照《国家税务总局关于一年期以上返还性人身保险产品免征营业税审批事项取消后有关管理问题的公告》（国家税务总局公告 2015 年第 65 号）规定执行
10	下列金融商品转让收入：①合格境外投资者（QFII）委托境内公司在我国从事证券买卖业务。②香港市场投资者（包括单位和个人）通过沪港通买卖上海证券交易所上市 A 股。③对香港市场投资者（包括单位和个人）通过基金互认买卖内地基金份额。④证券投资基金（封闭式证券投资基金，开放式证券投资基金）管理人运用基金买卖股票、债券。⑤个人从事金融商品转让业务
11	金融同业往来利息收入：①金融机构与人民银行所发生的资金往来业务。包括人民银行对一般金融机构贷款，以及人民银行对商业银行的再贴现等。②银行联行往来业务。同一银行系统内部不同行、处之间所发生的资金账务往来业务。③金融机构间的资金往来业务。是指经人民银行批准，进入全国银行间同业拆借市场的金融机构之间通过全国统一的同业拆借网络进行的短期（一年以下含一年）无担保资金融通行为。④银行、信用合作社、证券公司、保险公司等金融机构之间开展的转贴现业务
12	同时符合下列条件的担保机构从事中小企业信用担保或者再担保业务取得的收入（不含信用评级、咨询、培训等收入）3 年内免征增值税：①已取得监管部门颁发的融资性担保机构经营许可证，依法登记注册为企（事）业法人，实收资本超过 2000 万元。②平均年担保费率不超过银行同期贷款基准利率的 50%。平均年担保费率＝本期担保费收入／（期初担保余额＋本期增加担保金额）×100%。③连续合规经营 2 年以上，资金主要用于担保业务，具备健全的内部管理制度和为中小企业提供担保的能力，经营业绩突出，对受保项目具有完善的事前评估、事中监控、事后追偿与处置机制。④为中小企业提供的累计担保贷款额占其两年累计担保业务总额的 80% 以上，单笔 800 万元以下的累计担保贷款额占其累计担保业务总额的 50% 以上。⑤对单个受保企业提供的担保余额不超过担保机构实收资本总额的 10%，且平均单笔担保责任金额最多不超过 3000 万元人民币。⑥担保责任余额不低于其净资产的 3 倍，且代偿率不超过 2% 担保机构免征增值税政策采取备案管理方式。符合条件的担保机构应到所在地县（市）主管税务机关和同级中小企业管理部门履行规定的备案手续，自完成备案手续之日起，享受 3 年免征增值税政策。3 年免税期满后，符合条件的担保机构可按规定程序办理备案手续后继续享受该项政策

续　表

序　号	内　容
12	具体备案管理办法按照《国家税务总局关于中小企业信用担保机构免征营业税审批事项取消后有关管理问题的公告》（国家税务总局公告 2015 年第 69 号）规定执行，其中税务机关的备案管理部门统一调整为县（市）级国家税务局
13	国家商品储备管理单位及其直属企业承担商品储备任务，从中央或者地方财政取得的利息补贴收入和价差补贴收入 国家商品储备管理单位及其直属企业，是指接受中央、省、市、县四级政府有关部门（或者政府指定管理单位）委托，承担粮（含大豆）、食用油、棉、糖、肉、盐（限于中央储备）6 种商品储备任务，并按有关政策收储、销售上述 6 种储备商品，取得财政储备经费或者补贴的商品储备企业。利息补贴收入，是指国家商品储备管理单位及其直属企业因承担上述商品储备任务从金融机构贷款，并从中央或者地方财政取得的用于偿还贷款利息的贴息收入。价差补贴收入包括销售价差补贴收入和轮换价差补贴收入。销售价差补贴收入，是指按照中央或者地方政府指令销售上述储备商品时，由于销售收入小于库存成本而从中央或者地方财政获得的全额价差补贴收入。轮换价差补贴收入，是指根据要求定期组织政策性储备商品轮换而从中央或者地方财政取得的商品新陈品质价差补贴收入
14	2016 年 12 月 31 日前，中和农信项目管理有限公司和中国扶贫基金会举办的农户自立服务社（中心）以及中和农信项目管理有限公司独资成立的小额贷款公司从事农户小额贷款取得的利息收入，免征增值税
15	中国信达资产管理股份有限公司、中国华融资产管理股份有限公司、中国长城资产管理公司和中国东方资产管理公司及各自经批准分设于各地的分支机构（以下称资产公司），在收购、承接和处置剩余政策性剥离不良资产和改制银行剥离不良资产过程中开展的以下业务，免征增值税：①接受相关国有银行的不良债权，借款方以货物、不动产、无形资产、有价证券和票据等抵充贷款本息的，资产公司销售、转让该货物、不动产、无形资产、有价证券、票据以及利用该货物、不动产从事的融资租赁业务。②接受相关国有银行的不良债权取得的利息。③资产公司所属的投资咨询类公司，为本公司收购、承接、处置不良资产而提供的资产、项目评估和审计服务 中国长城资产管理公司和中国东方资产管理公司如经国务院批准改制后，继承其权利、义务的主体及其分支机构处置剩余政策性剥离不良资产和改制银行剥离不良资产，比照上述政策执行 上述政策性剥离不良资产，是指资产公司按照国务院规定的范围和额度，以账面价值进行收购的相关国有银行的不良资产

续 表

序 号	内 容
15	上述改制银行剥离不良资产，是指资产公司按照《中国银行和中国建设银行改制过程中可疑类贷款处置管理办法》（财金〔2004〕53 号）、《中国工商银行改制过程中可疑类贷款处置管理办法》（银发〔2005〕148 号）规定及中国交通银行股份制改造时国务院确定的不良资产的范围和额度收购的不良资产 上述处置不良资产，是指资产公司按照有关法律、行政法规，为使不良资产的价值得到实现而采取的债权转移的措施，具体包括运用出售、置换、资产重组、债转股、证券化等方法对贷款及其抵押品进行处置 资产公司（含中国长城资产管理公司和中国东方资产管理公司如经国务院批准改制后继承其权利、义务的主体）除收购、承接、处置本通知规定的政策性剥离不良资产和改制银行剥离不良资产业务外，从事其他经营业务应一律依法纳税 除另有规定者外，资产公司所属、附属企业，不得享受资产公司免征增值税的政策
16	全国社会保障基金理事会、全国社会保障基金投资管理人运用全国社会保障基金买卖证券投资基金、股票、债券取得的金融商品转让收入，免征增值税
17	对下列国际航运保险业务免征增值税：①注册在上海、天津的保险企业从事国际航运保险业务。②注册在深圳市的保险企业向注册在前海深港现代服务业合作区的企业提供国际航运保险业务。③注册在平潭的保险企业向注册在平潭的企业提供国际航运保险业务

第十四章　生活服务行业营改增实务操作

生活服务业作为营改增扩围四大重点行业之一，涉及很多具体问题，比如，生活服务行业营改增税收税目包括哪些？生活服务业进项抵扣不足问题如何处理？生活服务业营改增如何区分可抵扣项目？生活服务业进项抵扣凭证问题如何处理？生活服务业纳税人身份如何认定？计税方式是什么？本章在这方面做出指引。

营改增新政对生活服务行业有哪些影响？

生活服务业纳税人数量大、种类多，提供的服务包括文化体育服务、教育医疗服务、旅游娱乐服务、餐饮住宿服务、居民日常服务和其他生活服务。营改增新政对生活服务业有很大影响，包括税率以及关键市场和具体行业的影响。

1. 生活服务业适用的增值税税率

财税〔2016〕36号文规定生活服务业适用增值税税率的，印证了我们在2016年3月5日发布的中国税务快讯中的预测。生活服务业营改增后，现阶段营业税税率一般为5%，某些特定行业（如娱乐业）为3%至20%。将适用的增值税税率为6%。由于增值税实际是针对净增值额部分征收的（销项减进项），而营业税一般是针对总收入（仅销项）征收的，因此直接比较增值税和营业税的税率是没有意义的。

如何定义"生活服务"？财税〔2016〕36号文对生活服务的定义包括文化体育服务、教育医疗服务、旅游娱乐服务、餐饮住宿服务、居民日常服务和其他生活服务。这个定义基本与目前营业税下的定义相同，但新规中对于餐饮住宿服务进行进一步的解释，详见后文。

居民日常服务为新服务类型的定义，包括市容市政管理、家政、婚庆、养老、殡葬、照料和护理、救助救济、美容美发、按摩、桑拿、氧吧、足疗、沐浴、洗染、摄影扩印等服务。

出于完整性考虑，法规在现代服务业中亦增加了一类新的服务类型"商务辅助服务"，包括企业管理服务、经纪代理服务、人力资源服务、安全保护服务。

很重要的一点是要理解现代服务的"其他现代服务"和生活服务业中的"其他生活服务"实际上是兜底条款，即包括除了法规中明确规定的行业以外的现行缴纳营业税的行业，将都在2016年5月1日起由缴纳营业税转变为缴纳增值税。

2. 营改增对关键市场的影响

餐饮服务将适用6%的增值税税率，其中的难点是怎样区分餐饮服务和食品销售（食品销售适用17%的增值税税率，某些食品适用13%的优惠税率）。根据法规对餐饮服务的定义，餐饮服务要求必须同时提供饮食和饮食场所。而如果纳税人在饮食场所也提供外带或外卖服务，适用的增值税税率可能要视纳税人的主营业务而定，而非根据消费者选择堂食、外带或外卖的具体情况，区分不同销售类型分别适用6%或17%的增值税税率。这可能会为企业提供税收筹划机会，也可能造成税收争议。

餐饮服务、娱乐服务和居民日常服务不能作为进项税进行抵扣。因此，相关服务提供者无须开具增值税专用发票，相关服务不能进行进项税抵扣在于相关费用主要用于个人消费、交际应酬及员工福利相关用途。

住宿服务将统一适用6%的增值税税率，对于住宿业是利好消息，因为大多数情况下，住宿服务业纳税人无须对日常提供的服务适用不同的增值税税率。然而，由于消费者接受的由住宿服务业提供的餐饮服务不可抵扣进项税，因此服务提供方需要对餐饮服务和非餐饮服务分别核算，从而实现能够为其提供的非餐饮服务，如住宿服务和会议服务等开具增值税专用发票的目的。这可能对住宿服务业在未来的定价中带来挑战。同时，法规并未对会员计划、积分兑换等提供特殊免征增值税的政策。因此住宿服务业对会员提供相关福利，如免费升级或提供免费服务，可能被视同销售而带来额外税务成本和税务合规要求。

新增值税法规将对医疗服务造成重要影响。营业税下医疗服务普遍享受免税待遇，而新增值税法规详细定义了免税的医疗服务的范围。很多医疗行业的私人机构实操中可能将适用6%的增值税税率。

新增值税法规未对生活服务业提供任何过渡政策。从2016年5月1日起提供的应税服务将全部适用6%的增值税税率，无论该笔业务是否预期将在上述日期之前发生。

大多数生活服务业企业可以通过延迟到2016年5月1日后进行采购的方式降低成本。即纳税人可以对在2016年5月1日当天或以后采购的食品饮料、设备及固定资产的抵扣17%或13%进项税，而对于发生在上述日期之前的采购将无法抵扣相关进项税。

生活服务业如何应对全面营改增？

全面营改增就开始实施后，生活服务业终于迎来了全面"营改增"，伴随着减轻税负的目标，生活服务业企业应该怎样迎接全面营改增的到来呢？要做到：注意对纳税人身份的选择；注意合理选择供应商；注重增值税发票的管理；规范会计核算，关注优惠政策。

1. 注意对纳税人身份的选择

对纳税人身份的选择存在一定的纳税筹划空间。根据规定，生活服务业的企业，年销售额在 500 万元以上（含 500 万元）的应认定为增值税一般纳税人，而年销售额在 500 万元以下的，如果会计核算健全，也可以登记为增值税一般纳税人。这是对生活服务业企业一般纳税人与小规模纳税人认定的条件。

对比了条件，我们再结合税率或征收率考虑。目前生活服务业适用的税率为 6%，征收率为 3%。对小规模纳税人来说，3% 的征收率相对原营业税 5% 的税率来说，税负是有明显的下降，但小规模纳税人无法抵扣增值税进项税额，也不得自行开具增值税专用发票，即使到税务机关代开，也只能按照 3% 的征收率开具专用发票，影响企业的发展与扩张。而对于增值税一般纳税人而言，取得的增值税专用发票进项税额可以抵扣，但销售适用的税率为 6%，如果可抵扣的进项税额比较少的话，税负相对较重。大家应根据企业实际情况进行筹划，选择适当的纳税人身份。

2. 注意合理选择供应商

增值税一般纳税人可以抵扣符合条件的进项税额，营改增后生活服务业企业亟待解决的问题是采购环节增值税的抵扣问题。采购环节如果能够取得更多的抵扣凭证，则对企业更有利，这就涉及一个供应商选择的问题。一般来说，企业最好能够与增值税一般纳税人建立购销关系，这样企业购入的材料或服务能够抵扣进项税额，从而达到减税的目的。

3. 注重增值税发票的管理

营改增之前，生活服务业企业直接按照营业额纳税，可能不注重发票的管理，但是在营改增后，采购中企业应重新制定相应的采购合同模板，重新约定合同条款内容，尽可能的取得增值税专用发票、农产品收购发票或销售发票等抵扣凭证，降低企业整体税负。另外，财务部门在取得增值税专用发票后，应在税法规定期限内根据企业的实际需要进行认证抵扣。

生活服务业企业还要注意规范会计核算，也要关注优惠政策并适当运用这些政策。以前的营业税会计核算、税收优惠政策跟营改增后的会计核算、优惠政策有很多差别，大家应当注意。

4. 规范会计核算，关注优惠政策

营改增之前，缴纳的营业税只涉及"应交税费——应交营业税"这一会计科目，而营改增后，对于小规模纳税人，相对简单，涉及"应交税费——应交增值税"会计科目。而对于增值税一般纳税人来说，核算会复杂许多。仅"应交税费——应交增值税"就涉及"进项税额""销项税额""进项税额转出""转出多交增值税""转出未交增值税""营改增抵减的销项税额""减免税款"等专栏，同时在月末时，还会涉及"应交税费——未交增值税"会计科目，核算起来相对复杂，现对一般纳税人常见的会计处理列举如下：

一是采购业务。

借：原材料等

应交税费——应交增值税（进项税额）

贷：应付账款或银行存款等

注：如采购时未取得增值税抵扣凭证，则采购时相应的税金直接计入采购材料的成本中。

二是销售业务。

借：应收账款或银行存款等

贷：主营业务收入

应交税费——应交增值税（销项税额）

三是进项税额转出业务（如外购的材料用于集体福利或个人消费等）。

借：应付职工薪酬等。

贷：原材料

应交税费——应交增值税（进项税额转出）

四是月末处理。

支付当月增值税的处理。

借：应交税费——应交增值税（已交税金）

贷：银行存款

转出多交增值税的处理。

在"应交税费"科目下设置"未交增值税"明细科目，月末结转当月未交增值税。

借：应交税费——应交增值税（转出未交增值税）

贷：应交税费——未交增值税

月末结转当月多交增值税的处理。

借：应交税费——未交增值税

贷：应交税费——应交增值税（转出多交增值税）

本月交纳上期未交的增值税的处理。

借：应交税费——未交增值税

贷：银行存款

企业除了应规范会计核算外，还应做好培训，关注所在行业的税收优惠政策以及特殊规定。如对于餐饮业，个人销售农产品时，税务机关代开的普通发票也可以作为进项税额抵扣凭证。所以企业在购入农产品时，应注意相关的税收政策，为企业减负锦上添花。

生活服务行业营改增税收税目包括哪些？

生活服务是指为满足城乡居民日常生活需求提供的各类服务活动，包括文化体育服务、教育医疗服务、旅游娱乐服务、餐饮住宿服务、居民日常服务和其他生活服务。这些都属于营改增税目。

1. 文化体育服务

文化体育服务，包括文化服务和体育服务。

文化服务，是指为满足社会公众文化生活需求提供的各种服务。包括：文艺创作、文艺表演、文化比赛，图书馆的图书和资料借阅，档案馆的档案管理，文物及非物质遗产保护，组织举办宗教活动、科技活动、文化活动，提供游览场所。

体育服务，是指组织举办体育比赛、体育表演、体育活动，以及提供体育训练、体育指导、体育管理的业务活动。

2. 教育医疗服务

教育医疗服务，包括教育服务和医疗服务。

教育服务，是指提供学历教育服务、非学历教育服务、教育辅助服务的业务活动。

学历教育服务，是指根据教育行政管理部门确定或者认可的招生和教学计划组织教学，并颁发相应学历证书的业务活动。包括初等教育、初级中等教育、高级中等教育、高等教育等。非学历教育服务，包括学前教育、各类培训、演讲、讲座、报告会等。教育辅助服务，包括教育测评、考试、招生等服务。

医疗服务，是指提供医学检查、诊断、治疗、康复、预防、保健、接生、计划生育、防疫服务等方面的服务，以及与这些服务有关的提供药品、医用材料器具、救护车、病房住宿和伙食的业务。

3. 旅游娱乐服务

旅游娱乐服务，包括旅游服务和娱乐服务。

旅游服务，是指根据旅游者的要求，组织安排交通、游览、住宿、餐饮、购物、文娱、商务等服务的业务活动。

娱乐服务，是指为娱乐活动同时提供场所和服务的业务。具体包括：歌厅、舞厅、夜总会、酒吧、台球、高尔夫球、保龄球、游艺（包括射击、狩猎、跑马、游戏机、蹦极、卡丁车、热气球、动力伞、射箭、飞镖）。

4. 餐饮住宿服务

餐饮住宿服务，包括餐饮服务和住宿服务。

餐饮服务，是指通过同时提供饮食和饮食场所的方式为消费者提供饮食消费服务的业务活动。

住宿服务，是指提供住宿场所及配套服务等的活动。包括宾馆、旅馆、旅社、度假村和其他经营性住宿场所提供的住宿服务。

5. 居民日常服务

居民日常服务，是指主要为满足居民个人及其家庭日常生活需求提供的服务，包括市容市政管理、家政、婚庆、养老、殡葬、照料和护理、救助救济、美容美发、按摩、桑拿、氧吧、足疗、沐浴、洗染、摄影扩印等服务。

6. 其他生活服务

其他生活服务，是指除文化体育服务、教育医疗服务、旅游娱乐服务、餐饮住宿服务和居民日常服务之外的生活服务。

生活服务业进项抵扣不足问题如何处理？

生活服务业主要包括餐饮业、住宿业、医疗教育、家政服务业、洗染业、美发美容业、沐浴业、人像摄影等。普遍具有经营者分散、直接面对最终消费者、以人工为主要成本等主要特点。营改增前这些行业的营业税税率一般为5%。理论上，营改增实现了增值税税制下的"环环征收、层层抵扣"，通过抵扣进项税额可以消除重复征税，降低纳税人的税负。但是，由于人工费用占比高且无法抵扣等原因，生活服务业税收负担可能不降反升。比如美容美发等部分行业人工支出占比高达80%以上，按现行政策人工费用一般不能抵扣，从而导致企业税负偏高。

将人工支出等逐步纳入进项抵扣范围，比如可先将社保等便于管理的支出纳入进项抵扣范围。生活服务业纳税人应学习相关税收政策，准确核算增值税进销项，充分抵扣进项税额。

但是，从事生活性服务行的小微创业者，由于自身财务管理水平有限、进货发票不规范等问题，很难准确核算增值税进销项，充分抵扣进项税额，创业者该如何应对？通过例子来看看几种情况下增值税进销项的核算。

第一，购进货物或应税劳务和进口货物的进项税额。

一是购进免税农业产品。购进免税农业产品，是指向农业生产者购入农业初级产品。

例：某纳税人从某农场购入水果 5 吨，支付买价 10000 元。该批水果销售时的含税销售价格定为每吨 2500 元。其进项税额 = 10000 元 × 10% = 1000（元）。会计分录为：

借：商品采购　　　　　　　　　　　　　　　　　　　　9000

　　应交税金——应交增值税（进项税额）　　　　　　　1000

　　贷：银行存款　　　　　　　　　　　　　　　　　　10000

二是购进其他非固定资产货物。纳税人购进其他非固定资产货物的进项税额为销货方开具增值税专用发票上注明的增值税额。（例略）

三是进口非固定资产货物。进口非固定资产货物的进项税额，为海关开具的完税凭证上注明的增值税额。

甲纳税人进口钢板 100 吨，价款 200000 元，海关征收关税 50000 元，增值税 42500 元，货物已验收入库，这批钢板的计划价格为每吨 2600 元。会计分录为：

借：材料采购　　　　　　　　　　　　　　　　　　　250000

　　应交税金——应交增值税（进项税额）　　　　　　　42500

　　贷：银行存款　　　　　　　　　　　　　　　　　292500

借：原材料　　　　　　　　　　　　　　　　　　　　260000

　　贷：材料采购　　　　　　　　　　　　　　　　　250000

材料成本差异　　　　　　　　　　　　　　　　　　　　10000

四是购进应税劳务。纳税人购进应税劳务的进项税额，为劳务提供者开具加工费或修理费增值税专用发票上注明的增值税额。

五是购进或进口固定资产货物。纳税人购进或进口固定资产货物，无论是否收到增值税抵扣凭证，都不能抵扣进项税额。因此，其支付的进项税额应并入固定资产价值，在固定资产科目核算。

第二，接受代销货物的进项税额。

纳税人受托代销商品所接受代销货物，在货物接受时，可暂不计算进项税额，也不进行进项税额的会计处理，待开出代销货物结算清单，并收到委托人专用发票时再进行进项税额的会计处理。

乙纳税人将接受甲纳税人委托代销的洗衣机 100 台全部售出，全部销售总价款为 80000 元，销项税额为 13600 元。开出代销商品结算清单，并收到甲纳税人开具的增值税专用发票。会计分录为：

接受商品时，按双方合同确定的含税售价。

借：受托代销商品　　　　　　　　　　　　　　　　　　93600

　　贷：代销商品款　　　　　　　　　　　　　　　　　93600

收到增值税专用发票，同时付款时。

借：应付账款　　　　　　　　　　　　　　　　　　　　80000

　　应交税金——应交增值税（进项税额）　　　　　　13600

　　贷：银行存款　　　　　　　　　　　　　　　　　　93600

第三，接受投资、捐赠货物的进项税额。

纳税人接受投资、捐赠取得的货物，其进项税额也是投资者或捐赠者开具的增值税专用发票上注明的增值税额。

生活服务业营改增如何区分可抵扣项目？

财税〔2016〕36 号附件 1《营业税改征增值税试点实施办法》第二十七

条规定："下列项目的进项税额不得从销项税额中抵扣：……（六）购进的旅客运输服务、贷款服务、餐饮服务、居民日常服务和娱乐服务。"其他未列明的生活服务可以抵扣，因此，很多企业就认为，只要有专用发票就可以抵扣。这是不对的，必须要区分具体情况。

住宿服务是生活服务业的一部分，可以抵扣，如员工出差、会议等发生的住宿支出可以抵扣。但是有的企业为总部派来的高管长期租住酒店则不应该不能抵扣，财税〔2016〕36号附件1第二十七条规定："下列项目的进项税额不得从销项税额中抵扣：……（一）用于简易计税方法计税项目、免征增值税项目、集体福利或者个人消费的购进货物、加工修理修配劳务、服务、无形资产和不动产。其中涉及的固定资产、无形资产、不动产，仅指专用于上述项目的固定资产、无形资产（不包括其他权益性无形资产）、不动产。"据此，高管租住酒店属于个人消费，不能抵扣。

旅游服务也是生活服务业的一部分，可以抵扣。那么，很多企业会定期组织职工出外旅游，是否可以抵扣呢？不能抵扣，因为职工旅游属于集体福利，按照财税〔2016〕36号附件1第二十七条的规定不能抵扣。

还有一些服务能抵扣的项目与不能抵扣的项目混在一起。比如，企业组织员工外出培训期间旅游，由培训机构找旅行社，最后向企业一并收取培训费并开具发票。培训属于教育服务，可以抵扣，但其中的旅行应属于集体福利，不能抵扣，企业应当拆分。

综上所述，生活服务业中未列明不能抵扣的项目也不是都能抵扣，很多项目都可能属于集体福利或者个人消费，企业应当注意区分，避免税务风险。

生活服务业进项抵扣凭证问题如何处理？

财政部、国家税务总局《关于在全国开展交通运输业和部分现代服务业营业税改征增值税试点税收政策的通知》（财税〔2013〕37号）第二十三条对纳税人取得的增值税扣税凭证作出了规定，明确营改增后只有五种凭证可抵扣增值税进项税额。

一是增值税专用发票。从货物销售方、加工修理修配劳务或者应税服务提供方取得的增值税专用发票（包括货物运输业增值税专用发票、税控系统开具的机动车销售统一发票，以下简称增值税专票）上注明的增值税额。增值税专票是为加强增值税抵扣管理，根据增值税的特点设计的，供一般纳税人抵扣税款使用的一种发票。增值税专票是一般纳税人从销项税额中抵扣进项税额的扣税凭证，且是目前最主要的一种扣税凭证。增值税专票目前抵扣的期限是自开票之日起 180 天内进行认证抵扣。

二是海关进口增值税专用缴款书。在进口货物办理报关进口手续时，纳税人需向海关申报缴纳进口增值税并从海关取得完税证明即海关进口增值税专用缴款书（以下简称海关专缴书）。自 2013 年 7 月 1 日起，增值税一般纳税人进口货物取得的海关专缴书，需经税务机关稽核比对相符后，其增值税额方能作为进项税额在销项税额中抵扣。纳税人取得的海关专缴书，应按照国税函〔2009〕617 号文件规定，自开具之日起 180 天内向主管税务机关报送《海关完税凭证抵扣清单》（电子数据），申请稽核比对，逾期未申请的其进项税额不予抵扣。

三是农产品收购凭证购进农产品，除取得增值税专票或者海关专缴书外，按照农产品收购发票或者销售发票上注明的农产品买价和 13% 的扣除率计算的进项税额。一般有如下 4 种情况：从一般纳税人购进农产品，按照取得的增值税专票上注明的增值税额抵扣；进口农产品，按照取得的海关专缴书上注明的增值税额抵扣；购进农产品，按照取得的销售农产品的增值税普通发票上注明的农产品买价和 13% 的扣除率计算的进项税额；从农户收购农产品，按照收购单位自行开具农产品收购发票上注明的农产品买价和 13% 的扣除率计算的进项税额，从销项税额中抵扣。目前，农业生产者销售自产农产品是免征增值税的，其不能开具增值税专票，只能开具农产品销售发票。对于小规模纳税人销售农产品也是不得开具增值税专票的，只能开具增值税普通发票。对于零散经营的农户，应由收购单位向农民开具收购发票。

上述三种凭证也能作为进项税额扣除。

四是中华人民共和国通用税收缴款书。接受境外单位或者个人提供应税服务，代扣代缴增值税而取得的中华人民共和国通用税收缴款书（以下简称通用缴款书）上注明的增值税额。根据试点实施办法第六条规定，境外单位或者个人向境内提供应税服务的，应由代理人或境内接受劳务的试点纳税人作为扣缴义务人。扣缴义务人按照本实施办法扣缴应税服务税款后，向主管税务机关申报缴纳相应税款，并由主管税务机关出具通用缴款书。扣缴义务人凭通用缴款书上注明的增值税额从应税服务的销项税额中抵扣。

主要有两种方式：其一，境外单位或者个人在境内提供应税服务，在境内未设有经营机构，以境内代理人为增值税扣缴义务人情况的，由境内代理人按照规定扣缴税款并向主管税务机关申报缴纳相应税款，税务机关向境内代理人出具通用缴款书。境内代理人将取得的通用缴款书转交给接受方。接受方从境内代理人取得通用缴款书后，按照该通用缴款书上注明的增值税额抵扣。其二，境外单位或者个人在境内提供应税服务，在境内未设有经营机构，且在境内没有代理人，以接受方为增值税扣缴义务人情况的，由接受方按照规定扣缴税款并向主管税务机关申报缴纳相应税款，税务机关向接受方出具通用缴款书。接受方从税务机关取得通用缴款书后，按照该通用缴款书上注明的增值税额抵扣。

营改增后，企业购进商品或劳务时，应尽量选择索取增值税专用发票，以充分抵扣进项税额。这就要求企业加强学习，提高财务核算水平。营改增之前，采购人员已习惯取得发票就行，而不关注是普通发票还是增值税专用发票。营改增后，企业财务部门人员应加强相关税收政策学习，同时应注重对采购人员的培训和提醒。提醒采购人员尽量取得增值税专用发票，而且要将发票及时交给财务部门认证抵扣，避免逾期认证无法抵扣。从小规模纳税人处购进商品或劳务时，取得普通发票一般是不能抵扣的，应要求对方到税务机关申请代开增值税专用发票。

另外需要说明的是，增值税进项抵扣凭证不仅包括增值税专用发票，还包括海关完税凭证、机动车销售统一发票等。值得关注的是，餐饮等企业购买粮食、蔬菜等农副产品时，可以凭销售方开具的农产品销售发票抵扣进项税额。个人销售农产品时，税务机关代开的普通发票也可以作为进项税额抵扣凭证。进一步扩大农产品进项核定扣除范围，完善增值税进项税额核定扣除办法，让生活服务业等营改增纳税人购进农产品时核定抵扣更规范。生活服务业纳税人应重视抵扣凭证的管理，尽量取得增值税专用发票、农产品销售发票等抵扣凭证，并及时认证抵扣。

生活服务业纳税人身份如何认定？
计税方式是什么？

生活服务业增值税纳税人的认定依据是《营业税改征增值税试点实施办法》，其中规定，在中华人民共和国境内销售生活服务的单位和个人，为增值税纳税人，应当缴纳增值税，不缴纳营业税。单位，是指企业、行政单位、事业单位、军事单位、社会团体及其他单位；个人，是指个体工商户和其他个人。

纳税人分为一般纳税人和小规模纳税人。年应征增值税销售额超过 500 万元的纳税人为一般纳税人，未超过 500 万元的纳税人为小规模纳税人。

生活服务业的增值税计税方法，包括一般计税方法和简易计税方法。一般纳税人提供生活服务业适用一般计税方法计税。小规模纳税人提供应税服务适用简易计税方法计税。

一般计税方法的应纳税额，是指当期销项税额抵扣当期进项税额后的余额。其公式是：应纳税额 = 当期销项税额 − 当期进项税额。当期销项税额小于当期进项税额不足抵扣时，其不足部分可以结转下期继续抵扣。

简易计税方法的应纳税额，是指按照销售额和增值税征收率计算的增值税额，不得抵扣进项税额。其公式是：应纳税额 = 销售额 × 征收率。

第十五章　融资租赁行业营改增后财税筹划实务

融资租赁行业营改增后的财税筹划不可避免地会遇到如下问题：如何理解36号文、106号文、90号文中的相关条款？融资租赁业营改增后如何进行税务规划？其注意事项有哪些？融资租赁业务即征即退的税负是如何计算的？如何根据融资租赁税法与会计政策差异进行纳税调整？融资租赁公司营改增后如何做好税务风险防范？营改增实施细则落地，融资租赁行业面临哪些变化？营改增不动产租赁行业纳税人需要明确哪些常见问题？本章对这些问题予以解答。

如何理解36号文、106号文、90号文中的相关条款？

关于融资租赁行业营改增，在36号文、106号文、90号文中都有相关条款的规定，此外还有121号文、144号文、86号文等。相对来说，36号文、106号文、90号文比较重要，尤其是36号文即财政部、国家税务总局于2016年3月23日发布的《关于全面推开营业税改征增值税试点的通知》及其4个附件是最新政策。下面就让我们一起来理解这3个文件中的相关条款吧。

1. 36号文中融资租赁营改增相关条款几大看点

第一，不动产租赁业税率明确为11%。

文件明确了"提供交通运输、邮政、基础电信、建筑、不动产租赁服务，销售不动产，转让土地使用权，税率为 11%"。将不动产租赁与不动产销售适用同一税率，体现了税收公平原则。

第二，融资性售后回租被重新界定为贷款服务。

文件在金融服务定义中明确了"融资性售后回租、押汇、罚息、票据贴现、转贷等业务取得的利息及利息性质的收入，按照贷款服务缴纳增值税"。

第三，1.7 亿元由注册资本变实收资本。

文件明确了"商务部授权的省级商务主管部门和国家经济技术开发区批准的从事融资租赁业务和融资性售后回租业务的试点纳税人中的一般纳税人，2016 年 5 月 1 日后实收资本达到 1.7 亿元的，从达到标准的当月起按照上述规定执行；2016 年 5 月 1 日后实收资本未达到 1.7 亿元但注册资本达到 1.7 亿元的，在 2016 年 7 月 31 日前仍可按照上述规定执行，2016 年 8 月 1 日后开展的有形动产融资租赁业务和有形动产融资性售后回租业务不得按照上述规定执行"。将 106 号文件的"注册资本"要求变更为"实收资本"，并给予一定的过渡期。

第四，超 3% 即征即退重新提起。

106 号文件曾规定："经中国人民银行、银监会或者商务部批准从事融资租赁业务的试点纳税人中的一般纳税人，提供有形动产融资租赁服务，在 2015 年 12 月 31 日前，对其增值税实际税负超过 3% 的部分实行增值税即征即退政策。"原有政策到期后一直没有是否延续的通知，新的 36 号文件重新对超税负即征即退政策给予了延续，并且未设定截止日期。

第五，存量动产售后回租业务可选择计税方法。

文件规定 2016 年 4 月 30 日前签订的有形动产融资性售后回租合同，在合同到期前提供的有形动产融资性售后回租服务，可以选择以下方法之一计算销售额：其一，以向承租方收取的全部价款和价外费用，扣除向承租方收取的价款本金，以及对外支付的借款利息（包括外汇借款和人民币借款利息）、发行债券利息后的余额为销售额。纳税人提供有形动产融资性售后回租服务，计算当期销售额时可以扣除的价款本金，为书面合同约定的当期应当收取的本金。无书面合同或者书面合同没有约定的，为当期实际收取的本金。试点纳税人提供有形动产融资性售后回租服务，向承租方收取的有形动产价款本金，不得开具增值税专用发票，可以开具普通发票。其二，以向承租方收取的全部价款和价外费用，扣除支付的借款利息（包括外汇借款和人民币借款利息）、发行债券利息后的余额为销售额。

第六，"本金发票"成为历史。

曾几何时，融资性售后回租关于"本金发票"的争论始终不断，很多租赁企业因为无法取得"本金发票"，难以开展回租业务，随着 36 号文件将售后回租界定为贷款服务，"本金发票"将彻底成为历史。

2.106 文中有关融资租赁业法规条款的理解

第一，增加融资性售后回租的定义。

融资性售后回租，是指承租方以融资为目的，将资产出售给从事融资租赁业务的企业后，又将该资产租回的业务活动。

上述定义与《国家税务总局关于融资性售后回租业务中承租方出售资产行为有关税收问题的公告》国家税务总局公告 2010 年第 13 号（以下简称 13 号公告）的定义一致。

第二，改变了融资性售后回租服务的计税依据。

经中国人民银行、银监会或者商务部批准从事融资租赁业务的试点纳税人，提供有形动产融资性售后回租服务，以收取的全部价款和价外费用，扣除向承租方收取的有形动产价款本金，以及对外支付的借款利息（包括外汇借款和人民币借款利息）、发行债券利息后的余额为销售额。

根据 37 号文规定，经中国人民银行、商务部、银监会批准从事融资租赁业务的试点纳税人提供有形动产融资租赁服务，以取得的全部价款和价外费用（包括残值）扣除由出租方承担的有形动产的贷款利息（包括外汇借款和人民币借款利息）、关税、进口环节消费税、安装费、保险费的余额为销售额。即销售额中不得扣除有形动产价款本金。

同时根据 13 号公告，融资性售后回租业务中承租方出售资产时，资产所有权以及与资产所有权有关的全部报酬和风险并未完全转移。根据现行增值税和营业税有关规定，融资性售后回租业务中承租方出售资产的行为，不属于增值税和营业税征收范围，不征收增值税和营业税。

也就是说，融资性售后回租业务中承租方出售资产不需要开具增值税专用发票。这导致融资租赁公司拿不到进项发票，增值税抵扣链条发生断裂。同时，营改增后，融资租赁公司的销售额又包括本金，也就是存在重复征税，从而导致融资租赁公司税负大幅增加，该业务会出现全面亏损，企业将难以为继。

针对上述问题，106 号文对融资性售后回租业务做出单独规定，即融资性售后回租业务的销售额为：收取的全部价款和价外费用，扣除向承租方收取的有形动产价款本金，以及对外支付的借款利息（包括外汇借款和人民币借款利息）、发行债券利息后的余额。

由于售后回租业务，不存在安装费、保险费的扣除问题，因此在扣除范围中删除了安装费、保险费。

同时由于债券利息与借款利息性质一致，因此增加了出租人发行债券的利息可以扣除的规定。

第三，明确融资性售后回租服务本金部分只能开具普票。

试点纳税人提供融资性售后回租服务，向承租方收取的有形动产价款本金，不得开具增值税专用发票，可以开具普通发票。

由于向承租方收取的有形动产价款本金可以差额扣除，出租方未缴纳与本金有关的增值税，则不得开具增值税专用发票，即承租方不得重复抵扣本金部分进项税。因此出租方在收取价款开具发票时，应分别开具增值税专用发票和普通发票。

第四，直租业务可扣除范围作出调整。

经中国人民银行、银监会或者商务部批准从事融资租赁业务的纳税人，提供除融资性售后回租以外的有形动产融资租赁服务，以收取的全部价款和价外费用，扣除支付的借款利息（包括外汇借款和人民币借款利息）、发行债券利息、保险费、安装费和车辆购置税后的余额为销售额。

由于直租业务由出租方购买有形动产，可以取得增值税专用发票，在确定销售额的时候，应该按包含本金部分交税。

与财税〔2013〕37号相比，106号文对于直租业务可扣除范围减少了关税、进口环节消费税，其原因主要是关税、进口环节消费税已经计入资产成本，并可以取得增值税专用发票，无须扣除。

第五，明确法规执行时间。

上述规定自2013年8月1日起执行。商务部授权的省级商务主管部门和国家经济技术开发区批准的从事融资租赁业务的试点纳税人，2013年12月31日前注册资本达到1.7亿元的，自2013年8月1日起，按照上述规定执行；2014年1月1日以后注册资本达到1.7亿元的，从达到该标准的次月起，按照上述规定执行。

有关融资租赁及融资性售后回租销售额的规定追溯至2013年8月1日起执行。但商务部授权的省级商务主管部门和国家经济技术开发区批准从事融资租赁业务的试点纳税就注册资本有特殊规定。

第六，差额征税可扣除的有效凭证范围。

试点纳税人从全部价款和价外费用中扣除价款，应当取得符合法律、行政法规和国家税务总局规定的有效凭证。否则，不得扣除。

上述凭证是指：支付给境内单位或者个人的款项，以发票为合法有效凭证；支付给境外单位或者个人的款项，以该单位或者个人的签收单据为合法有效凭证，税务机关对签收单据有疑义的，可以要求其提供境外公证机构的确认证明；缴纳的税款，以完税凭证为合法有效凭证；融资性售后回租服务中向承租方收取的有形动产价款本金，以承租方开具的发票为合法有效凭证；扣除政府性基金或者行政事业性收费，以省级以上财政部门印制的财政票据为合法有效凭证；国家税务总局规定的其他凭证。

与财税〔2013〕37号相比，106号文增加融资性售后回租有形动产价款本金、政府性基金或行政事业性收费可差额扣除的有效凭证规定，有形动产价款本金为承租方开具的普通发票，政府性基金或行政事业性收费为省级以上财政部门印制的财政票据。

但问题是按照13号公告规定融资性售后回租行为，承租方销售行为不属于增值税、营业税征收范围，同时也不属于企业所得税收入范围。那么承租方如何开具发票？针对此问题，建议在售后回租业务中，承租人开出的发票应定为零税率，同时，出租人在收取本金时向承租人开出的本金部分的发票也定为零税率。希望此问题能尽快得到总局的明确，方便税企双方操作，规范整个开票流程。

3. 90号文中与租赁业相关的政策

90号文即国家税务总局《关于营业税改增值税试点期间有关增值税问题的公告》（国税发〔2015〕90号）。其中与租赁业相关的政策有两条：①对融资性售后回租业务，明确了从销售额中扣除向承租方收取的有形动产价款本金的处理方式；②明确保理业务模式下，融资租赁公司与承租方之间的融资租赁服务关系仍未解除，应当继续按照现行规定缴纳增值税。

第一，当期减扣，税负分摊。

融资性售后回租是一种承租方以融资为目的，将资产出售给并从事融资租赁业务的企业后，又将该资产租回的业务活动。营改增后，应纳增值税＝应税销售额×税负率。

106号文对其销售额的计算方法有单独规定：收取的全部价款和价外费用，扣除向承租方收取的有形动产价款本金，以及对外支付的借款利息（包括外汇借款和人民币借款利息）、发行债券利息后的余额。这里已经明确，计算销售额时要把租金中的本金部分扣除；不过，它没有明确本金扣除的时间。

融资性售后回租业务会碰到抵扣问题，由于发票的原因，在收到每期租金、记账时，由于抵扣不足，可能会导致交很高的税。90号文明确每次收租都可以把中间的本金扣除，只按利息交税，企业的税负就比较均衡了。

对比 106 号文和 90 号文，当期减扣本金是一个重要的变化。这从整个租赁周期来讲并没有减少税负；但在计税方面，税负被分摊到每期中。

举例而言，假设完成某售后回租业务，期初出租人付给承租人 100 万元，整个租赁业务完成后，出租人收到 110 万元，多出的 10 万元为利息。从整个租期讲，只有属于利息的 10 万元要交税。

根据原来的规定，从进项一端说，出租人先借给承租人 100 万元，承租人要开票，作为出租人的进项税发票；但在销项一端，费用是 10 万元、10 万元分次收取的；当收到 100 万元时，进项和销项实现平衡，然后在最后一期收取 10 万元租金时才一次性交税。但按现在的做法，则是每收到 10 万元，可以扣除 9 万元本金，然后为 1 万元的利息交税，税负被均摊。

90 号文是对已有规定的细化。从税收层面讲，并没有一个减税的功能；但从计税的角度，税负平均到每个周期中，这是比较合理的。

第二，资产转让≠不能开票。

90 号文同时明确，保理模式下，融资租赁公司与承租人的融资租赁服务关系仍未解除。这意味着文件确认保理是一种债权转让行为，是一种金融行为。这样，不管是买断性还是非买断性地资产转让，债权虽然被转移，但租金还是由出租人向承租人收取，因此，发票还应该由出租人向承租人开具。

假设某融资租赁公司把资产卖给一个银行，在原来没有明确规定的情况下，银行应该给承租人开票，因为融资租赁公司已经不拥有这项资产了，但银行是营业税纳税人，无法开出租赁发票，这样就无法做到真实的转让。

而 90 号文为保理模式下的租赁资产转让规定了标准动作。虽然租赁资产发生了转移，但融资租赁公司还得给承租人开票。对融资租赁的资产转让而言，这个文件明确了开票与资产转让并没有因果关系；并非卖了资产就不能开票了，票还可以开。

融资租赁业营改增后如何进行税务规划？
其注意事项有哪些？

1. 做好税务筹划

对于融资租赁企业的税务筹划，建议企业从以下几个方面着手：

第一，选择增值税纳税人身份的税务筹划。

根据 106 号文的规定，有形动产融资租赁征收增值税的规定如下：一般纳税人的税率为 17%，小规模纳税人的税率为 3%。应税服务年销售额未超过 500 万元（不含税）的为小规模纳税人。

第二，善用销售额扣除的规定进行税务筹划。

106 号文件对试点地区融资租赁的纳税人最重要的一个规定就是明确增值税的应税销售额就是差额征税。

既有形动产融资租赁服务（不含融资性售后回租）以收取的全部价款和价外费用，扣除支付的借款利息（包括外汇借款和人民币借款利息），发行债券利息，保险费，安装费和车辆购置税后的余额为销售额。

第三，选择有利于进项税额抵扣的运输方式。

提供交通运输服务的一般纳税人可以开具运输业增值税专用发票，按照 11% 的税率计算进项税额。选择小规模运输服务的小规模纳税人，最多能取得税务机关代开的 3% 增值税专用发票。在运输价格相近的条件下，无疑一般纳税人提供的服务和税票更有竞争力。

2. 避税设计的思路

对融资租赁公司而言，避税的设计可以从业务特点、税收种类和公司设计三个方向展开，并从整体上综合各种因素审慎进行。

第一，从业务特点方向展开税务筹划。

前海合作区内融资租赁公司在学习、借鉴香港经验，利用香港和其他海外资金方面所具有的优势，通过律师事务所等专业服务机构和银行等相关金融机构的帮助和配合，可以充分发挥出来。融资租赁公司的资金筹集和租赁中资金的回笼，都是税务筹划的重要内容。融资租赁公司资金的进出量大，税务筹划的效果会比较明显。

第二，从税收种类方向展开税务筹划。

融资租赁公司的主要税种，在"营改增"之后是增值税和所得税。一方面，要认真研究增值税销售额的计算方式等与增值税相关的各种税收规定；另一方面，也不能忽视企业所得税和个人所得税的筹划。

第三，从公司设计方向展开税务筹划。

特殊目的公司（SPV）是隔离风险和进行税务筹划的重要工具。我国的融资租赁公司设立 SPV 的现象比较常见，前海融资租赁公司设立 SPV 也属于深圳市政府鼓励之列。《关于推进前海湾保税港区开展融资租赁业务的试点意见》专门说明其所鼓励的"租赁项目子公司""指的是融资租赁公司为隔离风险而设立的飞机、船舶、大型设备等 SPV"。

上述三个方向的税务筹划可以综合进行，比如进行增值税筹划时可以考虑将业务的性质与公司的结构相结合。优秀的税务筹划设计方案，不应当忽视具体融资租赁公司中任何影响税收的因素。

3. 规避法律风险

因为税收政策变化较快，融资租赁公司更应当注意规避法律风险。

第一，税务风险的转移。

税务风险转移的方向有两个：一个是向内转，另一个是向外转。

对企业而言，把税务风险内部消化或者向内部财务负责人转移，对企业都是不利的，因为如此操作则企业最终还是要承担法律责任，只不过是责任人不同而已。建议企业把税务风险向外部转移，把企业依法纳税和税务筹划事务委托给专业的税务律师、注册会计师所在的机构来做，一则这些机构更加专业，二则可以分散风险。融资租赁公司通过向外转分散税务风险时，应当着重关注这些专业机构的承接风险能力。一般来说，应当优先选择规模较大、实力雄厚并规范运营的律师事务所、会计师事务所等专业机构。同时，还应当对税收服务和相应法律风险通过书面合同的形式进行明确的约定和区分，确保融资租赁公司可以实现优化涉税行为、分散和转移税务风险的目的。

第二，合理避税的目的。

需要特别注意的是，企业合理避税的目的不是税收负担最小化，而是企业价值最大化。

如果企业过分强调避税，或者税务筹划水平不高，则会增加企业的税务风险从而降低企业的价值。避税的筹划和实施忌讳盲目照搬，因为各地税务机关的反避税水平不同。税务筹划不能仅仅关注法律形式，因为税务机关可以根据实质重于形式的原则"穿透"法律形式实施反避税。融资租赁公司也不例外。

最后需要提醒的是，营改增试点将会对以融资性售后回租业务为主的租赁企业产生巨大的影响，在相关配套政策尚未完善的情况下，企业需要合理调整业务模式，适当增加直租业务，从而最大限度降低新政策带来的冲击。

融资租赁业务即征即退的税负是如何计算的？

106 号文件规定，对融资租赁业务继续执行超税负即征即退政策，其税负计算与融资租赁业务增值税的计算原理和实际征收过程是相符的。

根据 106 号文的规定，经中国人民银行、银监会或者商务部批准从事融资租赁业务的试点纳税人中的一般纳税人，提供有形动产融资租赁服务，在 2015 年 12 月 31 日前，对其增值税实际税负超过 3% 的部分，继续执行此前相关文件规定的即征即退政策。该文同时明确，这里的增值税实际税负，是指纳税人当期提供应税服务实际缴纳的增值税额占纳税人当期提供应税服务取得的全部价款和价外费用的比例，这与此前有关文件的解释是一致的。

比如，甲公司是经商务部门批准从事融资租赁业务的公司，根据承租人的要求购入一台设备，含税价 234 万元，进项税额 34 万元，运杂费、安装费等 18.72 万元，其中取得进项税额 1.7 万元。租赁期限 24 个月，租赁费含税价为 280.8 万元，每月收取租赁费 11.7 万元。

营业税政策下，根据《财政部、国家税务总局关于营业税若干政策问题的通知》（财税〔2003〕16 号）相关规定，甲公司可以以其向承租者收取的全部价款和价外费用减去出租方承担的出租货物的实际成本后的余额为营业额。甲公司租赁期内应缴纳营业税为 $[280.8 - (234 + 18.72)] \times 5\% = 1.4$（万元）。

营改增后，根据 106 号文件，经中国人民银行、银监会或者商务部批准从事融资租赁业务的试点纳税人，提供除融资性售后回租以外的有形动产融资租赁服务，以收取的全部价款和价外费用，扣除支付的借款利息、发行债券利息、保险费、安装费和车辆购置税后的余额为销售额。因此，甲公司租赁期内应缴纳增值税 $(280.8 - 18.72) \div (1 + 17\%) \times 17\% - 34 = 4.08$（万元）。

有人认为，绝大部分企业按照 106 号文件及此前相关文件规定计算的增值税税负不可能达到 3%，也就无从享受增值税即征即退的待遇。如本案例，甲公司按照文件规定计算的增值税税负率为 $4.08 \div (280.8 \div 1.17) = 1.7\%$，远低于 3%。而在营业税政策下，甲公司只需缴纳 1.4 万元的营业税，营改增后甲公司税负增加数倍而又不能申请退税，不符合营改增结构性减税的精神。计算增值税税负的"全部价款和价外费用"，如果理解为出租方向承租者收取的全部价款和价外费用减除租赁物本金及运杂费等费用后的余额，才是合理的规定。这样，甲公司该项融资租赁业务的增值税税负应为 $4.08 \div [(280.8 - 234) \div (1 + 17\%) - (18.72 - 1.7)] = 4.08 \div 22.98 = 17.7\%$，可就超过 3% 税负部分申请退税，实际缴纳的增值税为 $4.08 - (17.7\% - 3\%) \times 22.98 = 0.7$（万元），低于原来缴纳的营业税，体现了营改增结构性减税的精神。其实，上述观点其实并不准确，根据 106 号文件，经中国人民银行、银监会或者商务部批准从事融资租赁业务的纳税人，除提供有形动产融资性售后回租服务外，计算增值税的销售额并不能扣除向承租方收取的租赁物本金。那么，应如何理解融资租赁业务增值税税负的计算呢？这就必须正确理解我国增值税的计税办法。

在我国，纳税人除购进部分农产品实行实耗抵扣法外，采用的都是购入抵扣法。就本例而言，甲公司购进设备和支付运杂费等支付的进项税额是一次性抵减的，而租金的销项税额是每次收取时分次计提的，增值税税负也是分期计算的，并非按项目计算。假设不考虑其他业务，甲公司在该设备的租赁前期，并不需要缴纳增值税。甲公司购进设备和支付运费时一次性抵减销项税额的金额是 35.7 万元，而其每期计提的销项税额为 280.8 ÷ （1 + 17%） ÷24 × 17% =240 ÷ 24 × 17% = 1.7 （万元），直到第 21 期才正好将可抵减销项税额抵减完毕。第 22 期至 24 期每期实际缴纳增值税为 1.7 万元，税负率为 1.7 ÷ （240 ÷ 24） =17%，每期应退增值税 （240 ÷ 24） × （17% －3%） = 1.4 （万元），甲公司租赁期内实际缴纳的增值税为 （1.7 － 1.4） × 3 = 0.9 （万元）。

如何根据融资租赁税法与会计政策差异进行纳税调整？

融资租赁相对经营租赁而言，是指实质上转移与资产所有权有关的全部或绝大部分风险和报酬的租赁。会计处理政策依据：《企业会计准则第 21 号——租赁》；企业所得税处理政策依据：《企业所得税法实施条例》第四十七条、第五十八条规定，《国家税务总局关于融资性售后回租业务中承租方出售资产行为有关税收问题的公告》（国家税务总局公告 2010 年第 13 号）。融资租赁的固定资产，在会计准则和企业所得税业务中都按企业固定资产进行处理，但在资产初始成本计量、折旧计提等方面还存在着一定差异，纳税人在企业所得税汇算清缴时，应根据税收会计差异，进行纳税调整。主要从以下几个方面进行把握。

1. 融资租赁方式确认

会计上按照租赁资产所有权有关的全部风险和报酬归属程度，将租赁分为融资租赁和经营租赁。《企业会计准则第 21 号——租赁》第六条规定：符合下列一项或数项标准的，应当认定为融资租赁：一是在租赁期届满时，租赁资产的所有权转移给承租人；二是承租人有购买租赁资产的选择权，所订立的购买价款预计将远低于行使选择权时租赁资产的公允价值，因而在租赁开始日就可以合理确定承租人将会行使这种选择权；三是即使资产的所有权不转移，但租赁期占租赁资产使用寿命的大部分；四是承租人在租赁开始日的最低租赁付款额现值，几乎相当于租赁开始日租赁资产公允价值；出租人在租赁开始日的最低租赁收款额现值，几乎相当于租赁开始日租赁资产公允价值；五是租赁资产性质特殊，如果不作较大改造，只有承租人才能使用。

税法上未对融资租赁概念进行专门规定，对租赁方式划分和对融资租赁方式确认，应与《企业会计准则》规定是一致的。

2. 固定资产初始成本计量差异

在会计处理上，《企业会计准则第 21 号——租赁》第十一条规定，在租赁期开始日，承租人应当将租赁开始日租赁资产公允价值与最低租赁付款额现值两者中较低者作为租入资产的入账价值，将最低租赁付款额作为长期应付款的入账价值，其差额作为未确认融资费用。承租人在租赁谈判和签订租赁合同过程中发生的，可归属于租赁项目的手续费、律师费、差旅费、印花税等初始直接费用，应当计入租入资产价值。

在税务处理上，根据《企业所得税实施条例》第五十八条第三款规定，融资租入的固定资产，以租赁合同约定的付款总额和承租人在签订租赁合同过程中发生的相关费用为计税基础；租赁合同未约定付款总额的，以该资产的公允价值和承租人在签订租赁合同过程中发生的相关费用为计税基础。

会计准则中，考虑融资租赁付款资金时间价值，计算最低租赁付款额现值，体现会计核算准确性，更符合融资租赁资产实际价值；而税法不考虑最低租赁付款额现值，而是按照实际支付的款项作为相关资产的计税基础，是按历史成本原则，体现税法规范性。

在租赁资产初始成本计量方式选择上，会计上按租赁开始日租赁资产公允价值与最低租赁付款额现值两者中较低者作为租入资产的入账价值，体现会计核算谨慎性原则，不高估资产；而在企业所得税中，则按租赁合同约定的付款总额、租赁资产的公允价值依次选择，更注重相关数据可靠性。

3. 未确认融资费用处理

会计上，《企业会计准则第 21 号——租赁》第十五条规定：未确认融资费用应当在租赁期内各个期间进行分摊，承租人应当采用实际利率法计算确认当期的融资费用。

税务上，按《企业所得税实施条例》第五十八条第三款规定，融资租入的固定资产计税基础不计算现值，即会计上"未确认融资费用"已包含在税法计税基础之内，并在其使用期间内以计提折旧的方式实现税前扣除的。所以，对于会计上未确认融资费用的分摊额，税法上不再允许税前扣除，应调增应纳税所得额。

4. 固定资产折旧计提方面差异

会计与税法计提折旧都是以固定资产的初始成本为基础，由于其初始成本确认方式的不同，以及折旧年限上的差异，从而决定了其每期折旧额的财税差异。

从上面的第二项"固定资产初始成本计量差异"可看出：会计上处理中，将融资租赁资产公允价值与最低租赁付款额现值两者中较低者作为租入资产的入账价值，而在税法处理中，不考虑租赁付款资金时间价值，按照租赁合同约定的付款总额、资产的公允价值依次确认租入资产的计税基础。所以融资租赁固定资产税法上的计税基础一般大于会计上的初始成本。

融资租赁折旧资产年限，《企业会计准则第 21 号——租赁》第十六条规定：承租人应当采用与自有固定资产相一致的折旧政策计提租赁资产折旧。能够合理确定租赁期届满时取得租赁资产所有权的，应当在租赁资产使用寿命内计提折旧。无法合理确定租赁期届满时能够取得租赁资产所有权的，应当在租赁期与租赁资产使用寿命两者中较短的期间内计提折旧。

在税务处理上，根据《企业所得税实施条例》第四十七条第（二）项规定，以融资租赁方式租入固定资产发生的租赁费支出，按照规定构成融资租入固定资产价值的部分应当提取折旧费用，分期扣除。其折旧年限，应符合《企业所得税实施条例》第六十条规定：除国务院财政、税务主管部门另有规定外，固定资产计算折旧的最低年限如下：房屋、建筑物，为 20 年；飞机、火车、轮船、机器、机械和其他生产设备，为 10 年；与生产经营活动有关的器具、工具、家具等，为 5 年；飞机、火车、轮船以外的运输工具，为 4 年；电子设备，为 3 年。如果融资租赁固定资产符合加速折旧情形，也可以加速折旧。

如某运输公司通过融资租赁方式租入轮船一辆，租赁期为 9 年，合同中未对租赁期满该轮船的归属进行规定，轮船使用寿命估计在 15 年以上，按《企业会计准则第 21 号——租赁》第十六条规定，会计上该轮船折旧年限应为 9 年。而按《企业所得税实施条例》第六十条规定，轮船最低折旧年限为 10 年，所以在企业所得税汇算清缴时，应进行纳税调整。

5. 关于融资性售后回租业务处理

根据《企业会计准则第 14 号——收入》规定，构成确认销售商品收入的重要条件是企业已将商品所有权上的主要风险和报酬转移给购货方。显然，融资性售后回租不符合收入确认条件，不能拆解为"销售"和"回租"两笔业务，实质是融资租赁。《企业会计准则第 21 号——租赁》第三十一条规定：售后租回交易认定为融资租赁的，售价与资产账面价值之间的差额应当予以递延，并按照该项租赁资产的折旧进度进行分摊，作为折旧费用的调整。

《国家税务总局关于融资性售后回租业务中承租方出售资产行为有关税收问题的公告》（国家税务总局公告 2010 年第 13 号）指出，根据现行企业所得税法及有关收入确定规定，融资性售后回租业务中，承租人出售资产的行为，不确认为销售收入，对融资性租赁的资产，仍按承租人出售前原账面价值作为计税基础计提折旧。租赁期间，承租人支付的属于融资利息的部分，作为企业财务费用在税前扣除。

由此可见，会计和税法上都体现了融资性售后回租业务的实质是融资租赁，与租赁资产有关的全部报酬和风险属于承租方，不作销售处理，承租人对该资产仍视同自有资产一样计提折旧。会计上将售价与资产账面价值之间的差额应当予以递延，并按照该项租赁资产的折旧进度进行分摊；税法上规定将承租人支付的属于融资利息的部分，作为企业财务费用在税前扣除，两者并无本质区别。

6. 有关融资租赁实务处理

2010 年 12 月 31 日，甲公司与乙公司签订融资租赁合同，甲公司向乙公司租入专用设备一台，合同主要条款如下：租赁期限 2011 年 1 月 1 日至 2015 年 12 月 31 日，每年年末支付租金 20 万元，该设备 2010 年 12 月 1 日的公允价值为 90 万元，承租期满时，该设备归甲公司所有，租赁合同约定的年利率 7%。

第一，融资租赁资产初始成本计量。

会计核算上，最低租赁付款额现值 = 20 × PVA6%，20 × 4.2124 = 84.248（万元），小于公允价值 90 万元，因此，租赁资产的入账价值为 84.248 万元。

税法上，融资租赁固定资产的计税基础 = 租赁合同约定的付款总额 + 支

付的相关税费 = 20×5 = 100（万元）。

第二，未确认融资费用处理。

会计核算上，未确认融资费用 = 最低租赁付款额 − 租赁资产公允价值 = 100 − 84.248 = 15.752（万元）。

2011 年度应分摊未确认融资费用 = （100 − 15.752）×6% = 84.248×6% = 5.055（万元）。

税法上，2011 年度分摊未确认融资费用 5.055 万元不得税前列支，汇算清缴时调增应纳税所得额 5.055 万元。

第三，融资租赁固定资产折旧计提。

假设会计与税法折旧年限均为 5 年，净残值为 0，都采用直线法折旧，则会计上每年计提折旧 = 84.248÷5 = 16.85（万元），税法每年计提折旧 = 100÷5 = 20（万元），形成财税差异为 3.15 万元。

甲公司在 2011 年度企业所得税汇算清缴时，分摊未确认融资费用 5.055 万元不得税前列支，应调增应纳税所得额 5.055 万元；融资租赁固定资产折旧形成财税差异，应调减应纳税所得额 3.15 万元。

融资租赁公司营改增后如何做好税务风险防范？

1. 企业因营改增政策需完善而擅自进行税收筹划行为存在的税务风险

在营改增试点后，一些租赁企业的创新业务，如售后回租，由于受制于文件规定而难以开展，严重影响了租赁企业的正常经营。具体地说，根据《国家税务总局关于融资性售后回租业务中承租方出售资产行为有关税收问题的公告》（国家税务总局公告 2010 年 13 号，以下简称 13 号公告）之规定，如果融资租赁企业开展售后回租业务，在购买承租企业的设备时将无法取得增值税专用发票。但按照营改增相关文件规定，融资租赁公司向承租企业收取租金时，又要按照本金加利息的全额开具增值税专用发票。一方面，融资租赁企业全额计提销项税额，无进项税抵扣；另一方面，承租企业通过此运行模式实现了对同一资产的两次进项税额抵扣，在企业之间形成了税负的不平衡。为此，一些租赁企业通过"纳税筹划"的方法与技巧，将承租企业开具的收据作为出租方差额抵扣税款的合法凭证，私自采取差额纳税方式。这种做法存在着非常大的税务风险。

如何解决这一涉税问题，作为融资租赁企业或行业协会应建议国家财税主管部门尽快完善融资租赁的相关税收政策，明确在营改增之后的相应具体规定，将营改增对企业经营不利的影响降低到最低程度。而不能采取所谓筹划或"想当然"的方式规避自身的纳税义务。否则，将面临着税务机关纳税评估或税务稽查的处罚风险。

2. 通过改变经营业务性质做法产生的税务风险

营改增后，有形动产租赁服务业整体税收负担可能上升较多，对租赁行业生产经营影响较大，尤其在经营租赁与融资租赁之间差别较大。根据《财政部国家税务总局关于在上海市开展交通运输业和部分现代服务业营业税改征增值税试点的通知》（财税〔2011〕111号）之规定：融资租赁业属于有形动产租赁，适用17%的增值税税率。但是，对经人民银行、银监会、商务部批准经营融资租赁业务的试点纳税人中的一般纳税人提供有形动产融资租赁服务，对其增值税实际税负超过3%的部分实行增值税即征即退政策。这个规定应该说大大降低了融资租赁企业的税负；而对经营租赁企业而言，由于按5%税率缴纳营业税改为按17%的税率缴纳增值税，税负变化很大。虽然增值税税负具有转嫁性特征，接受方和提供方可以共同分担增加的税负，但这取决于企业间最后的商业谈判。所以，一些经营租赁企业采取人为调整经营业务性质和改变账务处理的方式，比照超税负返还进行虚拟的融资租赁业务，从而达到降低税负的目的。这样的做法同样存在很大的税务风险。税务机关一旦发现此类情况，企业有可能被认定为偷逃税款的行为而对其进行处罚。

实际上，租赁企业不应采取此种办法降低税负。根据营改增试点相关文件规定，各试点省市都制订了专门的优惠政策，如明确了营改增试点过渡性财政扶持性政策，规定了采取"超税负返还"的扶持政策模式。即实施营改增后，试点企业的税负如果比试点前有所增加，财政部门将设立营改增专项扶持资金，对企业税负增加的部分给予一定比例的财政补贴。这其中就包括租赁企业税负增加的部分给予一定比例的财政补贴。财政扶持资金一般按照"企业据实申请、财税按月监控、财政按季预拨、资金按年清算、重点监督检查"的方式进行管理。特别要求财税部门发挥监督检查职能，对试点融资租赁企业申报的税负变化情况进行核实；财政部门对拨付的财政扶持资金加强监督，对于虚报、冒领、骗取财政资金的，依据《财政违法行为处罚处分条例》等法律法规严肃处理。融资租赁企业对此展开税收筹划行为，可能是"得不偿失"。

3. 企业索取不合规票据做法形成的税务风险

根据营改增相关文件规定，对销售额的界定是"试点纳税人提供应税服务，按照国家有关营业税政策规定差额征收营业税的，允许其以取得的全部价款和价外费用，扣除支付给非试点纳税人（指试点地区不按照《试点实施办法》缴纳增值税的纳税人和非试点地区的纳税人）价款后的余额为销售额"。所以，允许从全部价款和价外费用中扣除的项目，必须符合国家对营业税实行差额征税的文件的要求。

而融资租赁虽然属于营业税差额征税范围，支付给非试点地区的全部价款和价外费用可以作为销售收入的扣除额，即扣除成本费用后的差额作为销售额；但支付给试点地区或者试点地区以外（能取得扣税凭证的）的全部价款和费用不能作为销售收入的扣除额，按优先抵扣的原则，不能同时扣税又扣额。

例如，由于融资租赁企业在采购二手设备时取得的是4%减半的普通发票，不能作进项税额抵扣，开展融资业务时收取的所有租金都需按照17%的税率计算缴纳增值税，企业增值税税负明显增加。因此，开展类似业务的融资租赁企业都在急寻是否有合理的涉税处理方法，进行"纳税筹划"。有些人片面强调，将上述应税行为分两种情况处理：即收租金时本金部分开具4%减半的普通发票，利息部分开具17%的增值税专用发票，仅就利息部分申报缴纳增值税。但是，这一处理明显违反现行营改增相关文件的规定和发票管理办法的要求，存在较大的税务风险。

只要是有资质的融资租赁企业，在发生上述经济业务时，应该向供货方索取正式的发票，依据现行营改增政策规定，按照差额确定销售额，然后按照17%的税率申报缴纳增值税。如果该租赁公司无融资租赁资质，必须全额按照17%的税率申报缴纳增值税，不能按差额计算销售额申报纳税。

同时，试点纳税人从全部价款和价外费用中扣除价款，必须取得符合法律、行政法规和国家税务总局有关规定的合法有效凭证。否则不能扣除。这里所指的凭证包括以下四种：一是支付给境内单位或者个人的款项，且该单位或者个人发生的行为属于增值税或营业税征收范围的，以该单位或者个人开具的发票为合法有效凭证；二是支付的行政事业性收费或者政府性基金，以开具的财政票据为合法有效凭证；三是支付给境外单位或者个人的款项，以该单位或者个人的签收单据为合法有效凭证（税务机关对签收单据有疑义的，可以要求其提供境外公证机构的确认证明）；四是国家税务总局规定的其他凭证。

在具体的经济业务中，融资租赁企业还可能发生的是融资租赁业务差额计算销售额时，支付给金融机构的利息问题，其利息支出是否必须以发票作为差额计算的凭证。因为在实际业务发生时，有些金融机构特别是银行以各种原因为借口，不愿给融资租赁企业开具发票。而税务机关则认为，这种情况下银行是应该开具正式发票给融资租赁企业的。所以，融资租赁企业不能以个别银行不给开具正式发票为由，而以利息结算单来代替差额计算的凭证。否则，融资租赁企业即便符合税法规定的差额纳税情形，也是属于未按规定索取合规票据而不能享受差额纳税的待遇。

营改增实施细则落地，融资租赁行业面临哪些变化？

2016 年 3 月 24 日，财政部、国家税务总局向社会公布了《营业税改征增值税试点实施办法》（以下简称《办法》），其中涉及融资租赁行业的政策包括差额纳税、即征即退、纳税人必须具备融资租赁经营资质、租赁公司实收资本必须大于 1.7 亿元等。变化的地方有，增值税税率分为四种税率征收；"直租"与"回租"分类征税；不动产租赁与有形动产租赁分不同税率征税；差额纳税扣除项有所变化；经营租赁包括无形资产等。对于租赁行业来说，《办法》的最大亮点是"直租"与"回租"分不同类别征税。

按照《办法》规定，"直租"的分类分为"租赁服务"，其下还分为"融资租赁服务"和"经营租赁服务"。其中，融资租赁服务是指具有融资性质和所有权转移特点的租赁活动。经营租赁服务是指在约定时间内将有形动产或者不动产转让他人使用且租赁物所有权不变更的业务活动。

融资租赁的定义没有改变，但"按照租赁标的物的不同，融资租赁服务可分为有形动产融资租赁和不动产融资租赁"。改变了"有形动产融资租赁"这一单一标的物的纳税标准。

同时，《办法》对"经营租赁服务"也扩大了标的物的征税范围，分为"有形动产经营租赁"和"不动产经营租赁"的税收政策，并把"建筑物、构筑物等不动产或者飞机、车辆等有型动产的广告位出租给其他单位或个人用于发布广告""车辆停放服务、道路通行服务""水路运输的光租业务、航空运输的干租业务"都按照经营租赁服务缴纳增值税。这些都扩大了租赁公司可使用标的物的业务范围。

值得关注的是，《办法》强调，"融资性售后回租"不按照本税目缴纳增值税。"融资性售后回租"在《办法》中被划分在"贷款服务"范畴。这意味着"回租"按贷款的税率征税，但不是认定"回租"属于金融资产，租赁资产不能按"金融工具确认和计量会计准则"对"回租"进行会计处理，只能按"租赁会计准则"进行会计处理。

此外，按照《办法》规定，增值税税率一共有4种：6%、11%、17%和零税率。其中，融资性售后回租税率为6%，不动产租赁税率为11%，有形动产租赁税率为17%。

原来税收只针对"有形动产"的融资租赁，而且"直租""回租"混在一起，因此只有一种17%的税率。《办法》颁布后，所有的"回租"业务均使用6%的增值税发票；不动产租赁"直租"使用11%的增值税发票，有形动产的"直租"使用17%的增值税发票，不再使用单一税率的发票。

实际上，此前对于租赁行业营改增后，业内人士普遍认为，租赁行业仍承受较重的税负，不利于行业发展。"回租"税率由17%改为6%后，比原营业税税负高出两倍之多的税负降为仅高出原营业税的30%。

总的来说，对于租赁行业而言，征税的行业划分没有变；按租赁会计准则进行会计处理和纳税原则没有变。但因税率调整，缩短了与原营业税之间的差距。

值得关注的是，《办法》中融资租赁依然采用差额纳税原则。其中，"有形动产融资性售后回租"服务可以差额纳税，但不动产的"回租"是享受不到差额纳税待遇的。

融资租赁是以融物方式达到融资目的的租赁，不是融资、融物分别进行，而是统一经营。因此，应税劳务和应税货物混在一起不可分离是融资租赁专有的特性。要合理纳税只能采用差额纳税的方式扣除不合理因素。

对于"实收资本必须大于1.7亿元"的适用规定，融资租赁属于资金密集型产业，需要租赁公司有足够多的资本金来运作，不是说拿一个经营资质就可以享受差额纳税政策待遇的。这个规定的主要目的是防止因准入机制不健全，出现只拿牌照不做业务的企业占据租赁税收政策资源的现象出现。

营改增不动产租赁行业纳税人
需要明确哪些常见问题？

营改增不动产租赁行业纳税人需要明确的常见问题涉及不动产租赁、外出经营、申请简易征收、预缴税款、发票开具、纳税申报、税收优惠等几个方面。下面我们就纳税人在这几方面遇到的常见问题予以解答。

1. 不动产租赁常见问题解答

什么是不动产租赁？

不动产租赁服务，是指在约定时间内将不动产转让他人使用且租赁物所有权不变更的业务活动。将建筑物、构筑物等不动产的广告位出租给其他单位或者个人用于发布广告，按照经营租赁服务缴纳增值税。车辆停放服务、道路通行服务（包括过路费、过桥费、过闸费等）等按照不动产经营租赁服务缴纳增值税。

哪些属于不动产？

不动产，是指不能移动或者移动后会引起性质、形状改变的财产，包括建筑物、构筑物等。建筑物，包括住宅、商业营业用房、办公楼等可供居住、工作或者进行其他活动的建造物。构筑物，包括道路、桥梁、隧道、水坝等建造物。

不动产租赁的税率是多少？

一般纳税人出租不动产适用税率为11%，小规模纳税人出租不动产征收税率为5%。

2. 外出经营常见问题解答

纳税人出租在外地的不动产，是否需要申请《外出经营活动税收管理证明》（以下简称外管证）？

营改增试点后，纳税人出租其位于外县（市）（不含设区市的区）的不动产，需向其机构所在地的主管国税部门申请开具《外出经营活动税收管理证明》。

办理外管证需要提供哪些资料？

应提供以下资料：税务登记证副本或载有统一社会信用代码的工商营业执照；外出经营活动情况说明；外出经营合同原件及复印件。

外管证是否需要在不动产所在地进行报验登记？

纳税人跨县（市）提供不动产租赁服务，应提供其机构所在地的主管国税部门开具的外管证到不动产所在地主管国税部门进行报验登记。

办理报验登记需要提供哪些资料？

办理报验登记需要提供的资料：税务登记证副本或载有统一社会信用代码的工商营业执照；《外出经营活动税收管理证明》；外出经营合同原件及复印件。

3. 申请简易征收常见问题解答

一般纳税人出租不动产哪些情况下可以申请简易征收？

一般纳税人出租其 2016 年 4 月 30 日前取得的不动产，可申请采用简易办法按 5% 的征收率计算缴纳增值税。

2016 年 4 月 30 日前取得不动产的，取得的方式有哪些？

取得不动产，包括以直接购买、接受捐赠、接受投资入股、自建、内部划拨、承租以及抵债等各种形式取得不动产，不包括房地产开发企业自行开发的房地产项目。

一般纳税人的承租方将不动产对外出租，原租赁合同签订日期在营改增试点前，转租业务能否适用简易计税方法？

一般纳税人承租方的租赁合同签订日期在营改增试点前的，转租业务可选择简易计税方法。

一般纳税人提供不动产租赁服务，申请简易征收是否需要备案？备案需要提供哪些资料？

需要并应提供资料：《增值税一般纳税人简易征收备案表》2 份；一般纳税人选择简易办法征收备案事项说明；不动产出租合同原件；不动产权属证明材料（如《不动产权证书》、购房合同、捐赠声明、接受投资入股协议书、法院抵债判决书、裁定书、调解书，以及仲裁裁决书、公证债权文书等）原件；纳税人转租不动产的，需提供原承租合同原件；其他能够证明实际取得时间在 4 月 30 日之前的有关资料。

纳税人在异地提供不动产租赁服务的，应在哪里办理简易计税方法备案？

在机构所在地主管国税机关办理备案。

4. 预缴税款常见问题解答

纳税人出租的不动产与机构所在地不在同一县（市），是否需要在不动产所在地进行预缴？

一般纳税人与小规模纳税人提供不动产租赁，不动产所在地与机构所在地不在同一县（市）的，应在不动产所在地主管国税部门预缴税款；其他个人（自然人）提供不动产租赁，应在不动产所在地地税部门直接申报纳税，不需要进行预缴。

纳税人跨区（设区市的区）出租不动产需要预缴吗？

纳税人跨区出租不动产不需要预缴，直接向其机构所在地主管国税机关申报纳税。

纳税人在不动产所在地国税机关预缴税款时，适用的预征率分别是多少？

一般纳税人出租不动产，选择简易计税方法的，应按照 5% 预征率在不动产所在地主管国税部门预缴税款；选择一般计税方法的，应按照 3% 预征率在不动产所在地主管国税部门预缴税款。小规模纳税人出租不动产，除个体工商户出租住房外，应按照 5% 预征率在不动产所在地主管国税部门预缴税款；个体工商户出租住房的，应按照 5% 征收率减按 1.5% 预缴税款。

纳税人跨县（市）出租不动产，如何计算应预缴税款？

纳税人出租不动产适用一般计税方法计税的，按照以下公式计算应预缴税款：应预缴税款 = 含税销售额 ÷（1 + 11%）×3%。

纳税人出租不动产适用简易计税方法计税的，除个人出租住房外，按照以下公式计算应预缴税款：应预缴税款 = 含税销售额 ÷（1 + 5%）×5%。

个体工商户出租住房，按照以下公式计算应预缴税款：应预缴税款 = 含税销售额 ÷（1 + 5%）×1.5%。

纳税人在不动产所在地预缴税款需要提供哪些资料？

单位和个体工商户出租不动产，填写《增值税预缴税款表》向不动产所在地主管国税机关预缴税款。

纳税人未按照规定在不动产所在地主管税务机关进行税款预缴是否有影响？

纳税人应当向不动产所在地主管税务机关预缴税款而自应当预缴之月起超过 6 个月没有预缴税款的，依照征管法有关规定处理。

5. 发票开具常见问题解答

其他个人提供不动产租赁是在国税还是地税部门申请代开发票？

其他个人出租不动产在营改增后向不动产所在地地税机关申请代开增值税发票。

营改增后其他个人提供不动产租赁能否申请代开专用发票？

其他个人出租不动产，承租方不属于其他个人的可在缴纳增值税后，向地税机关申请代开增值税专用发票。

出租方能否为其他个人承租方开具专用发票？

纳税人向其他个人出租不动产，不得开具或申请代开增值税发票。

纳税人自行开具发票或申请代开发票，发票开具是否有特殊要求规定？

出租不动产，纳税人自行开具或者税务机关代开增值税发票时，应在备注栏注明不动产的详细地址。

纳税人到税务机关申请代开发票，需要提供哪些资料？

代开普通发票纳税人应提供如下资料：

一是表格。《代开发票申请表》，1份。

二是资料。包括：申请代开发票人的合法身份证件及复印件；税务登记证副本，自然人提供身份证明原件及复印件，依法不需要办理税务登记的单位提供组织机构代码证；外省（自治区、直辖市）纳税人来本辖区临时从事经营活动申请代开发票的《外出经营活动税收管理证明》；被税务机关依法收缴或停止售发票的申请人，需提供主管税务机关发出的《收缴、停止发售发票决定书》；正在申请办理税务登记的和应办理未办理税务登记的单位和个人提供税务登记受理证明，包括主管税务机关发出的《税务登记受理通知书》或其他已受理证明；从事不动产租赁业务的书面证明，如业务合同、协议或税务机关认可的其他资料原件及复印件。

代开专用发票纳税人应提供如下资料：

一是表格。《代开增值税专用发票缴纳税款申报单》，2份。

二是资料。包括：税务登记证副本；从事不动产租赁业务的书面证明，如业务合同、协议或税务机关认可的其他资料原件及复印件；推行自助代开发票业务的，按照推行单位的管理规定办理；在营改增试点前已收取的房租，尚未开具发票的，营改增试点后应如何处理。

营改增试点纳税人在试点前已收取款项尚未开具发票的，凭主管地税机关出具的《已申报缴纳营业税未开具发票证明》，可于2016年12月31日前开具增值税普通发票。

纳税人提供不动产经营租赁服务，开具发票时如何选择商品和服务编码？

纳税人可在"不动产经营租赁"项下选择对应的商品和服务编码。

6. 纳税申报常见问题解答

纳税人提供不动产租赁，已在不动产所在地预缴的税款是否可以在机构地纳税申报时进行抵减？

单位和个体工商户出租不动产，向不动产所在地主管国税机关预缴的增值税款，可以在当期增值税应纳税额中抵减，抵减不完的，结转下期继续抵减。纳税人以预缴税款抵减应纳税额，应以完税凭证作为合法有效凭证。

纳税人在异地提供不动产租赁服务，如何确认预缴申报时限？

纳税人跨县（市）提供不动产租赁服务，应在取得租金的次月纳税申报期或不动产所在地主管国税机关核定的纳税期限预缴税款。

纳税人在机构地进行增值税纳税申报时，如何确认不动产租赁服务的销售额？

纳税人以取得的全部价款和价外费用作为销售额进行纳税申报，但不包括以下项目：代为收取并符合本办法第十条规定的政府性基金或者行政事业性收费；以委托方名义开具发票代委托方收取的款项。

纳税人提供不动产租赁服务，纳税期限如何规定？

纳税人以 1 个月或者 1 个季度为 1 个纳税期的，自期满之日起 15 日内申报纳税。遇最后一日为法定节假日的，顺延 1 日；在每月 1 日至 15 日内有连续 3 日以上法定休假日的，按休假日天数顺延。2016 年 5 月 1 日新纳入营改增试点范围的增值税纳税人，2016 年 6 月增值税纳税申报期延长至 2016 年 6 月 27 日。

7. 税收优惠常见问题解答

纳税人提供不动产租赁服务，是否可以享受小微企业税收优惠？

小规模纳税人仅提供营改增业务的，月销售额不超过 3 万（按季纳税 9 万）自 2016 年 5 月 1 日起至 2017 年 12 月 31 日内免征增值税；

小规模纳税人同时提供原增值税业务和营改增业务的，应分别核算销售货物，提供加工、修理修配劳务的销售额，和销售服务、无形资产的销售额，增值税小规模纳税人销售货物，提供加工、修理修配劳务月销售额不超过 3 万元（按季纳税 9 万元），销售服务、无形资产月销售额不超过 3 万元（按季纳税 9 万元）的，自 2016 年 5 月 1 日起至 2017 年 12 月 31 日，可分别享受小微企业暂免征收增值税优惠政策。

其他个人采取预收款形式出租不动产，取得的预收租金收入，可在预收款对应的租赁期内平均分摊，分摊后的月租金收入不超过 3 万元的，可享受小微企业免征增值税优惠政策。

参考文献

［1］国家税务总局全面推开营改增督促落实领导小组办公室．全面推开营改增业务操作指引［M］．北京：中国税务出版社，2016．

［2］赵金梅，马郡．营改增实战：增值税从入门到精通［M］．北京：机械工业出版社，2016．

［3］索晓辉．营改增背景下企业如何纳税［M］．北京：中华工商联合出版社，2016．

［4］马泽方．营改增手册：政策、实务、风险详解［M］．北京：机械工业出版社，2016．

后　记

任重道远营改增

随着营改增最后一只"靴子"终于落下，中国税收法制建设和税制改革完成了大规模的"绽放"，这将留给人们巨大的历史回味空间！但是，营改增改革，营业税退出历史舞台不是目的，建立规范统一的现代增值税制才是根本，就此而言，营改增的改革远未结束，而是任重道远。抛开国地税征管力量的优化组合和制度设计的完善，单就企业应对营改增的挑战而言，还有很长的路要走。企业只有做好会计核算，调整业务交易模式，加强税收策划与管理，才能真正享受到营改增带来的减税红利。

在这里还要说的是，本书写作过程中，拜访了一些营改增研究者，更得到了企业中许多朋友的大力支持，也参阅了许许多多的营改增文献和最新资讯，是这些"养料"帮助我完成此书。在这里，谨向为此书提出意见和建议的朋友们表示深深的感谢！对于使用的资料，请原作者联系我们，以便给付相应的报酬。

作　者

二〇一六年十月